CONVERSAS SOBRE POLÍTICA

PARA TODOS OS TEMPOS

RUBEM ALVES

CONVERSAS SOBRE POLÍTICA

PARA TODOS OS TEMPOS

DIRETOR-PRESIDENTE:
Jorge Yunes

GERENTE EDITORIAL:
Luiza Del Monaco

EDITOR:
Ricardo Lelis

ASSISTÊNCIA EDITORIAL:
Júlia Braga Tourinho

REVISÃO:
Lorrane Fortunato

COORDENADORA DE ARTE:
Juliana Ida

ASSISTENTE DE ARTE:
Daniel Mascellani

ASSISTÊNCIA DE ARTE:
Vitor Castrillo

PROJETO DE CAPA:
Deborah Mattos

© 2020, Companhia Editora Nacional
© 2020, Rubem Alves

Todos os direitos reservados. Nenhuma parte desta obra pode ser reproduzida ou transmitida por qualquer forma ou meio eletrônico, inclusive fotocópia, gravação ou sistema de armazenagem e recuperação de informação sem o prévio e expresso consentimento da editora.

1ª edição – São Paulo

CIP-BRASIL. CATALOGAÇÃO NA PUBLICAÇÃO
SINDICATO NACIONAL DOS EDITORES DE LIVROS, RJ

A482c

    Alves, Rubem, 1933-2014
    Conversas sobre política para todos os tempos / Rubem Alves. - 1. ed. - Barueri [SP]: Companhia Editora Nacional, 2020.
    152p.

    ISBN 978-85-04-02187-5

    1. Brasil - Política e governo - Crônica. 2. Crônica brasileira. I. Título.

20-65939
    CDD: 869.8
    CDU: 82-94(81)

Camila Donis Hartmann - Bibliotecária CRB-7/6472
14/08/2020 17/08/2020

Rua Gomes de Carvalho, 1306 - 11º andar - Vila Olímpia
São Paulo – SP – 04547-005 – Brasil – Tel.: (11) 2799-7799
editoranacional.com.br – atendimento@grupoibep.com.br

Algumas destas crônicas foram previamente publicadas nos jornais *Folha de S.Paulo* e *Correio Popular.*

Para Lisâneas Maciel e Elter Maciel, companheiros de sonhos.

SUMÁRIO

Prefácio	11
Sobre política e jardinagem	15
O rato roeu o queijo do rei	19
O pastor, as ovelhas, os lobos e os tigres	24
A lâmina da guilhotina	28
É preciso tapar o buraco dos ratos	32
A aldeia que nunca mais foi a mesma	37
Senhoras prefeitas, senhores prefeitos...	42
Estou enjoado de política	46
Entre fezes e flores	51
Estamos em guerra	57
Sou obrigado a votar...	61
Masquerade	66
Naufrágio	70
Expectoração	73
O povo que eu amo	77
Os gênios da garrafa	81
Réquiem para um jardim	85
Entre o ruim e o horrendo	89
Construir povos	93

Lição de política	97
Sobre peixes e política	101
Esperança	104
O panelaço	107
A pureza dos que vão morrer...	110
Sobre a educação	113
Beleza e fanatismo	116
Os "ratos" e os "queijos"	119
O bom de ser religioso	122
O espectador	125
Beleza	128
Modesta proposta para a reforma política do Brasil	131
Política é a arte de engolir sapos por amor ao poder	134
Chapeuzinho Vermelho	138
Utopias	140
Lições do Mike Tyson	142
Benfeitores do pico da Pedra Branca	145
As duas frigideiras	148

PREFÁCIO

"TALVEZ HAJA JARDINEIROS ADORMECIDOS DENTRO DE VOCÊS". RUBEM Alves tinha no jardim sua utopia e nos convidava a entrar, seu porto seguro de um destino que, a cada palavra escrita, nos fazia sorrir, pensar e questionar. Mas ler sua obra é também mergulhar nas contradições da sociedade e no coração da política. Jamais para falar apenas de poder, e sim da alma e até mesmo de flores.

Explode a atualidade em cada um de seus ensaios, relatos e contos. Ele não falava de seu tempo. Desenhava sobre condição humana e sua relação com a política.

Ler Rubem Alves é um convite à insurreição - não armada, mas das consciências, conduzidas pela política como vocação. Ele admitia que escutar essa vocação nem sempre era fácil, já que estava perturbada pela gritaria das escolhas esperadas, normais: medicina, engenharia, computação, direito, ciência. "Todas elas, legítimas, se forem vocação. Mas todas elas afunilantes: vão colocá-los num pequeno canto do jardim, muito distante do lugar onde o destino do jardim é decidido. Não seria muito mais fascinante participar dos destinos do jardim?"

O escritor que nos convoca a adotar uma postura política e sair da apatia é aquele que ainda acredita que a selva poderia ter sido transformada num jardim. E que os políticos – ou jardineiros – teriam a função de traçar à sociedade um novo destino. Políticos cuja missão é a de criar espaço necessário para que a "vida e a convivência humana possam acontecer". Um espaço, hoje, em escassez.

Rubem Alves é ainda usar a literatura para decifrar o valor do voto e a imperfeição da insubstituível democracia, a "obra de arte coletiva".

A insurreição, em seu texto, vem pelo instrumento da educação. Para que a democracia se realize, dizia ele, é preciso que o povo saiba pensar. "Se o povo não souber pensar, votos e eleições não a produzirão", diria. "O fundamento da democracia é a educação do povo", sentenciava.

Rubem Alves, elegante e simples, deixava no papel ousados pedidos, como o de apelar para que o povo sonhe com seu jardim e que as esperanças sejam partilhadas. Mas sua utopia não o cegava. No fundo, ela o permitia enxergar o fanatismo e sua crueldade, as alianças e suas crueldades, a natureza (imoral) do Estado, os paradoxos da relação entre a religião e o poder.

Com um humor refinado, desnuda a hipocrisia da sociedade, disseca o sentimento de sobrevivência política e nos faz perguntas desconcertantes em pleno ano de 2020: Quem nos salvará dos crimes do Estado? Quem nos devolverá a alegria da beleza?

Rubem Alves não quer apenas falar das entranhas da política. Quer despertar uma sociedade que, hoje, mais do que nunca, se confronta com a sombra de uma noite fria. Seu jardim é o nosso jardim. E, em sua entrada, numa placa surrada de madeira as letras de seu nome ainda podem ser lidas: LIBERDADE.

JAMIL CHADE

Com reportagens em mais de 70 países, o jornalista percorreu trilhas com imigrantes, visitou acampamentos de refugiados na Europa, África e Oriente Médio e entrevistou membros de diversos governos acusados de crimes de guerra. Correspondente na Europa há quase vinte anos, Chade foi eleito um dos quarenta jornalistas mais admirados do Brasil e melhor correspondente brasileiro no exterior em duas ocasiões. Além de tudo isso – ou por conta de tudo isso –, é um grande admirador de Rubem Alves.

SOBRE POLÍTICA E JARDINAGEM

DE TODAS AS VOCAÇÕES, A POLÍTICA É A MAIS NOBRE. VOCAÇÃO, DO LATIM *vocare*, quer dizer "chamado". Vocação é um chamado interior de amor: chamado de amor por um "fazer". No lugar desse "fazer" o vocacionado quer "fazer amor" com o mundo. Psicologia de amante: faria, mesmo que não ganhasse nada.

"Política" vem de pólis, "cidade". A cidade era, para os gregos, um espaço seguro, ordenado e manso, onde os homens podiam se dedicar à busca da felicidade. O político seria aquele que cuidaria desse espaço. A vocação política, assim, estaria a serviço da felicidade dos moradores da cidade.

Talvez por terem sido nômades no deserto, os hebreus não sonhavam com cidades: sonhavam com jardins.

Quem mora no deserto sonha com oásis. Deus não criou uma cidade. Ele criou um jardim. Se perguntássemos a um profeta hebreu:

– O que é política?

Ele nos responderia:

– A arte da jardinagem aplicada às coisas públicas.

O político por vocação é um apaixonado pelo grande jardim para todos. Seu amor é tão grande que ele abre mão do pequeno jardim que ele poderia plantar para si mesmo. De que vale um pequeno jardim se à sua volta está o deserto? É preciso que o deserto inteiro se transforme em jardim.

Amo a minha vocação, que é escrever. Literatura é uma vocação bela e fraca. O escritor tem amor, mas não tem poder. Mas o político tem. Um político por vocação é um poeta forte: ele tem o poder de transformar poemas sobre jardins em jardins de verdade. A vocação política é transformar sonhos em realidade. É uma vocação tão feliz que Platão sugeriu que os políticos não precisam possuir nada: bastar-lhes-ia o grande jardim para todos. Seria indigno que o jardineiro tivesse um espaço privilegiado, melhor e diferente do espaço ocupado por todos. Conheci e conheço muitos políticos por vocação. Sua vida foi e continua a ser um motivo de esperança.

Vocação é diferente de profissão. Na vocação a pessoa encontra a felicidade na própria ação. Na profissão o prazer não se encontra na ação. O prazer está no ganho que dela se deriva. O homem movido pela vocação é um amante. Faz amor com a amada pela alegria de fazer amor. O profissional não ama a mulher. Ele ama o dinheiro que recebe dela. É um gigolô.

Todas as vocações podem ser transformadas em profissões. O jardineiro por vocação ama o jardim de todos.

O jardineiro por profissão usa o jardim de todos para construir seu jardim privado, ainda que, para que isso aconteça, ao seu redor aumente o deserto e o sofrimento. Assim é a política. São muitos os políticos profissionais. Posso, então, enunciar minha segunda tese: de todas as profissões, a profissão política é a mais vil. O que explica o desencanto total do povo, em relação à política. Guimarães Rosa, perguntado por Günter Lorenz se ele se considerava político, respondeu:

"Eu jamais poderia ser político com toda essa charlatanice da realidade... Ao contrário dos 'legítimos' políticos, acredito no homem e lhe desejo um futuro. O político pensa apenas em minutos. Sou escritor e penso em eternidades. Eu penso na ressurreição do homem."

Quem pensa em minutos não tem paciência para plantar árvores. Uma árvore leva muitos anos para crescer. É mais lucrativo cortá-las.

Nosso futuro depende dessa luta entre políticos por vocação e políticos por profissão. O triste é que muitos que sentem o chamado da política não têm coragem de atendê-lo, por medo da vergonha de serem confundidos com gigolôs e de terem de conviver com gigolôs.

Escrevo para vocês, jovens, para seduzi-los à vocação política. Talvez haja jardineiros adormecidos dentro de vocês. A escuta da vocação é difícil, porque ela é perturbada pela gritaria das escolhas esperadas, normais: medicina, engenharia, computação, direito, ciência. Todas elas, legítimas, se forem vocação. Mas todas elas afunilantes: vão colocá-los num pequeno canto do jardim, muito distante do lugar onde o destino do jardim é decidido. Não seria muito mais fascinante participar dos destinos do jardim? Celebramos os quinhentos anos do descobrimento do Brasil. Os descobridores, ao chegarem, não encontraram um jardim. Encontraram uma selva. Selva não é jardim. Selvas são cruéis e insensíveis, indiferentes ao sofrimento e à morte. Uma selva é uma parte da natureza ainda não tocada pela mão do homem. Aquela selva poderia ter sido transformada num jardim. Não foi. Os que sobre ela agiram não eram jardineiros. Eram lenhadores e madeireiros. E foi assim que a selva, que poderia ter se tornado jardim para a felicidade de todos, foi sendo transformada em desertos salpicados de luxuriantes jardins privados onde uns poucos encontram vida e prazer.

Há descobrimentos de origens. Mais belos são os descobrimentos de destinos. Talvez, então, se os políticos por vocação se apossarem do jardim, poderemos começar a traçar um novo destino. Então, em vez de desertos e jardins privados, teremos um grande jardim para todos, obra de homens que tiveram o amor e a paciência de plantar árvores à cuja sombra nunca se assentariam.

O RATO ROEU O QUEIJO DO REI

A DEMOCRACIA, EU SEMPRE A AMEI. MAS, DE REPENTE, RELENDO UMA FÁBULA antiga, tive iluminação zen: meu saber afetivo transformou-se em saber filosófico, sei agora as razões pelas quais amo a democracia. E acho importante que você, leitor, saiba o que fiquei sabendo para que, a despeito de tudo, continue a amar a democracia. Assim, passo a contar-lhe a mesma história que eu contava à minha neta no momento quando a iluminação aconteceu.

* * *

Havia, outrora, num país distante, um rei que amava os queijos acima de quaisquer outros prazeres. O seu amor pelos queijos era tão grande que ele mandou vir, de todas as partes do mundo, os mais renomados especialistas em queijo, aos quais foram oferecidos recursos não só para continuar a fabricação dos queijos já conhecidos, como também para se dedicar à pesquisa de novos queijos, para assim alargar as fronteiras da ciência, da técnica e da gula. Ficaram famosos os queijos fabricados com leite de baleia e leite de unicórnio, estes últimos procuradíssimos pelas suas virtudes afrodisíacas. O palácio do rei era um enorme depósito de queijos de todas as qualidades, encontrando-se nele os queijos *camembert*, cheddar, edam, *emmenthal*, gorgonzola, gouda, *limburger*, parmesão, pecorino, provolone, *sapsago*, trapista, prato, minas, muçarela, ricota, entre outros.

O país tornou-se famoso e enriqueceu com a exportação de queijos. O seu cheiro atravessava os mares. Universidades foram criadas com o objetivo de desenvolver a ciência dos queijos. Houve mesmo uma escola teológica que concluiu que o santo sacramento da eucaristia não foi primeiro celebrado com pão e vinho, mas com queijo e vinho, donde se originou o costume que perdura até hoje nas celebrações profanas.

Aconteceu, entretanto, que além do rei e do povo havia outros seres no reino que também gostavam de queijo: os ratos. Atraídos pelo cheiro que saía do palácio, mudaram-se para lá aos milhares e passaram, imediatamente, a banquetear-se com os queijos reais.

Os ratos comiam e se multiplicavam. Tomaram todos os lugares: armários, gavetas, canastras, camas, sofás, cozinha, cofres e até mesmo a barba do rei. O rei passou a ser morada de ratos.

Mas o pior de tudo era que os ratos, premidos por imperativos digestivos, tinham de expelir por uma extremidade o que haviam engolido pela outra, e, à medida que andavam, espalhavam pelo palácio um rastro de minúsculos cocozinhos, durinhos e malcheirosos.

Furioso, o rei chamou os seus ministros e perguntou-lhes:

– O que fazer para nos livrarmos dos ratos?

Eles responderam:

– É fácil, Majestade. Basta trazer os gatos.

O rei ficou felicíssimo com ideia tão brilhante e mandou trazer uma centena de gatos para dar cabo dos ratos.

Os ratos, ao verem os gatos, fugiram espavoridos. Foram-se os ratos. Ficaram os gatos, que encheram o palácio. À semelhança dos ratos, os gatos comiam tudo o que viam e, compelidos pelas mesmas exigências fisiológicas que moviam os roedores, cobriram os brilhantes pisos do palácio com seus cocôs fedorentos.

Furibundo, o rei chamou os seus ministros e perguntou-lhes:

– O que fazer para nos livrarmos dos gatos?

E eles responderam:

– É fácil, Majestade. Basta trazer os cachorros.

Vieram cachorros de todos os tipos, grandes e pequenos, curtos e compridos, lisos e pintados.

Os gatos, ao verem os cachorros, fugiram espavoridos. Foram-se os gatos. Ficaram os cachorros, que encheram o palácio. E a mesma história se repetiu. Ao final, havia cocôs de cachorro por todos os lugares do palácio.

Apoplético, o rei chamou os seus ministros e perguntou-lhes:

– O que fazer para nos livrarmos dos cachorros?

E eles responderam:

– É fácil, Majestade. Basta trazer os leões.

22 | CONVERSAS SOBRE POLÍTICA

Vieram os leões com suas jubas e urros. Os cachorros, ao verem os leões, fugiram em desabalada carreira. Foram-se os cachorros. Ficaram os leões. Mas os leões não só comiam cem vezes mais, como defecavam cem vezes mais que os minúsculos camundongos. O tesouro real entrou em crise. Baixaram as reservas de ouro. O dinheiro não chegava para pagar a carne que os leões comiam. E para pagar os catadores de cocôs, que ameaçaram entrar em greve.

Desesperado, o rei chamou os seus ministros e perguntou-lhes:

– O que fazer para nos livrarmos dos leões?

E eles responderam:

– É fácil, Majestade. Basta trazer os elefantes.

Foram-se os leões. Ficaram os elefantes. Enormes, eles comiam montanhas e defecavam montanhas. O palácio transformou-se num enorme monte de bosta de elefante. E a fedentina encheu o reino e atravessou os mares.

Em depressão profunda, o rei chamou os seus ministros e perguntou-lhes com voz sumida:

– O que fazer para nos livrarmos dos elefantes?

Os ministros lembraram-se, então, que os elefantes, que nada temem, estremecem de medo ao verem um rato. E responderam em coro:

– É fácil, Majestade. Basta trazer os ratos!

E assim foi feito. Voltaram os ratos. Foram-se os elefantes. O rei e todos os que moravam no palácio passaram sorridentemente a conviver com os ratos e os seus cocôs.

* * *

O dia chegará quando minha neta terá crescido. Não mais lhe contarei histórias. Ela aprenderá sobre a política. Quererá visitar o Congresso Nacional, símbolo da democracia. Notará, espantada, que os prédios estão cheios de cocô de ratos, e então me dirá, assustada:

– Vovô, deve haver muitos ratos por aqui!

E eu lhe responderei:

– Sim, muitos ratos.

E ela me perguntará:

– Mas por que não trazem os gatos para acabar com os ratos?

Então eu lhe contarei de novo esta história e lhe direi:

– Aprenda a grande lição da democracia: é preferível cocô de rato a bosta de elefante.

O PASTOR, AS OVELHAS, OS LOBOS E OS TIGRES

ERA UMA VEZ UM PASTOR QUE GOSTAVA MUITO DAS SUAS OVELHAS. GOSTAVA delas porque eram mansas e indefesas: não tinham garras, não tinham presas, não tinham chifres. Eram incapazes de atacar e incapazes de se defender. Mansamente elas se deixavam tosquiar. O pastor gostava tanto delas que prometeu defendê-las sempre de qualquer perigo. Como prova do seu amor, tornou-se vegetariano. Jamais mataria uma ovelha para comer. Como resultado de sua dieta de frutas e vegetais, o pastor era muito magro.

Havia nas matas vizinhas lobos que também gostavam das ovelhas. Gostavam delas porque eram mansas e indefesas: não tinham garras, não tinham presas, não tinham chifres. Eram incapazes de atacar e incapazes de se defender. Mansamente se deixavam devorar. É: o gostar, frequentemente, produz resultados diferentes. O gostar do pastor produzia cobertores de lã. O gostar dos lobos produzia churrascos.

O pastor estava sempre atento para proteger suas ovelhas contra os ataques dos lobos. Levava um longo cajado nas mãos para golpear os lobos atrevidos que chegavam perto e um arco e flechas para ferir os prudentes que ficavam longe.

Viviam assim pastor, ovelhas e lobos, num delicado equilíbrio.

A notícia das ovelhas chegou aos ouvidos de uns cães famintos e de umas hienas magras que moravam nas cercanias. Resolveram mudar-se para a floresta dos lobos para melhorar de vida. Parentes que eram, falavam a mesma língua e logo se entenderam. Organizaram-se, então, de forma racional, a fim de terem churrascos mais frequentes.

O cajado e as flechas do pastor se mostraram impotentes diante das novas táticas. Enquanto ele espantava os lobos que se aproximavam pelo sul, os cães e as hienas matavam as ovelhas que pastavam ao norte.

O pastor concluiu que providências urgentes tinham de ser tomadas para a segurança das ovelhas. Pensou: *Os lobos, os cães e as hienas atacam porque as ovelhas são indefesas. Se elas tiverem meios de se defender, eles não se atreverão. Preciso armar minhas ovelhas.* Mandou então fazer dentaduras com dentes afiados, chifres pontudos e garras de ferro, com que dotou suas mansas ovelhas. Os lobos e seus aliados, vendo as ovelhas assim armadas, riram-se da ingenuidade do pastor. O fato é que as ovelhas ficaram ainda mais indefesas do que eram, pois não sabiam usar as armas com que o pastor as dotara. Os churrascos ficaram ainda mais frequentes. Com isso, lobos, hienas e cães engordaram.

26 | CONVERSAS SOBRE POLÍTICA

O pastor teve, então, uma outra ideia: *Vou contratar guardas de segurança profissionais para proteger minhas ovelhas.* Os guardas teriam de ser mais fortes do que cães, hienas e lobos. *Tigres*, pensou o pastor. Mas logo teve medo. *Tigres são carnívoros. É possível que gostem de carne de ovelha.* Só se houvesse tigres vegetarianos. Soube então que um criador de tigres, com uso de técnicas psicológicas pavlovianas, havia conseguido transformar tigres carnívoros em tigres vegetarianos. Seus hábitos alimentares eram iguais aos das ovelhas. Nesse caso, não ofereciam perigo. O pastor então contratou os tigres vegetarianos como guardas das suas ovelhas. Os tigres, obedientes, começaram a guardar as ovelhas e diariamente recebiam, como pagamento, uma farta ração de abóboras, nabos e cenouras.

Os lobos, as hienas e os cães, vendo os tigres, ficaram com medo. Como medida de segurança passaram a caçar as ovelhas durante a noite.

Os tigres, patrulhando a floresta, vez por outra encontravam os restos dos churrascos com que lobos, hienas e cães haviam se banqueteado. Sentiram, pela primeira vez, o cheiro delicioso de carne de ovelha. Lambendo os restos, sentiram, pela primeira vez, o gosto bom do seu sangue. E perceberam que carne de ovelha era muito mais gostosa que sua ração de abóboras, nabos e cenouras. Pensaram então: *Melhor que sermos empregados do pastor seria sermos aliados dos lobos, das hienas e dos cães.* E foi o que aconteceu. Tigres, lobos, hienas e cães tornaram-se sócios.

Os lobos, as hienas e os cães tornaram-se atrevidos. Não atacavam mais durante a noite. Atacavam em pleno dia. Ouvindo os balidos das ovelhas, o pastor gritava pelos tigres. Mas eles não se mexiam. Faziam de conta que nada estava acontecendo. Mal sabia ele que os tigres, durante a noite, comiam churrasco com os lobos, com as hienas e com os cães. O pastor resolveu pôr ordem na casa. Chamou os tigres. Repreendeu-os. Ameaçou cortar sua ração, ameaçou despedi-los.

Foi então, em meio ao sermão do pastor, que os tigres começaram a se perguntar uns aos outros:

"Qual será o gosto da carne de um pastor?"

E responderam:

"É preciso experimentar!".

Dada essa resposta, o mais forte deles abriu uma boca enorme e emitiu um rugido horrendo, mostrando os dentes afiados. O pastor, olhando para a boca do tigre, viu então o que nunca imaginara ver: chumaços de lã entre os dentes do tigre.

Num relance ele percebeu o destino que o aguardava: ser churrasco de tigre. E seu pensamento pensou depressa. O pastor já notara que os lobos, as hienas, os cães e os tigres estavam gordos e felizes. Ele, vegetariano, defensor das ovelhas, estava cada vez mais magro. E assim, numa fração de segundo, ele compreendeu a realidade da vida. E, antes que o tigre o devorasse, ele propôs: "Façamos uma aliança...".

E, desde esse dia, a fazenda, que se chamava Ovelha Feliz, passou a se chamar Ovelha Saborosa. E o pastor, os tigres, os lobos, as hienas e os cães viveram felizes pelo resto dos seus dias, cada vez mais gordos, a boca sempre lambuzada com gordura de ovelha.

A LÂMINA DA GUILHOTINA

ACHO QUE FOI NA DÉCADA DE 1930 QUE CHARLES CHAPLIN PRODUZIU O FILME *Monsieur Verdoux*. São duas histórias que correm paralelas. Uma delas conta de um modesto caixeiro-viajante, apaixonado por sua mulher doente, permanentemente presa numa cama. Pobre Monsieur Verdoux! Por mais que trabalhasse, ganhava sempre pouco demais para fazer frente à enormidade das despesas médicas com a esposa. Mas o amor desconhece os obstáculos, mesmo aqueles que a lei estabelece – e foi assim que o amor de Monsieur Verdoux, sem alternativas, descobriu o lugar onde poderia encontrar o dinheiro que o seu trabalho não lhe dava: viúvas ricas e carentes. Passou então a fazer uso de um estratagema simples: ele as seduzia e, uma vez casados, tratava de matá-las da maneira mais científica e caridosa possível, a fim de usar a riqueza delas para cuidar da esposa enferma. Uma comovente história de amor...

A outra história conta sobre um homem de moral irrepreensível, casado com uma linda e saudável mulher, e por cuja cabeça jamais passaria a ideia de matar velhinhas indefesas para conseguir capital. Mas nem precisava. Era um bem-sucedido homem de negócios, o que lhe permitia entregar-se aos confortos morais da honestidade. Dedicava-se a uma das atividades comerciais mais antigas da humanidade, atividade sobre a qual jamais pairava qualquer ameaça de excomunhão eclesial ou de punição legal e que lhe garantia acesso de honra a qualquer clube cívico da sociedade. Era um fabricante de armas, esses artefatos exigidos pela própria existência do Estado.

Um Estado que não tenha o poder de matar não é um Estado. Na verdade, a realidade do Estado é diretamente proporcional ao poder de fogo de suas armas. Essa é, talvez, a primeira lição da política. Está lá nos escritos de Hobbes e pode ser confirmada na sutileza de Max Weber, que define o Estado como a instituição que detém o monopólio da violência legítima sobre um determinado território. Em outras palavras, Estado é a instituição que tem poder de matar sem ser jamais considerado um criminoso.

Claro que do uso das armas fabricadas por nosso bom industrial resultavam milhares de cadáveres sobre os campos de batalha. Mas isso não era coisa que lhe dissesse respeito: jamais fizera contabilidade de cadáveres, pois a morte sempre horrorizara o seu espírito delicado. E Deus mesmo era testemunha de que ele jamais teria coragem para puxar um gatilho.

Descrevendo-se o filme dessa forma, fica-se com a impressão de que o seu tema são as histórias desses dois personagens. Mas não é isso, não. O personagem central não é nem um nem outro. É um terceiro, invisível, que escreve o desfecho das histórias.

Os cadáveres das viúvas de Monsieur Verdoux são descobertos, e de nada valem, como atenuantes, as alegações de que aqueles haviam sido crimes de amor. As razões de amor não justificam a violência, mesmo que sejam capazes de explicá-la. Monsieur Verdoux termina os seus dias sob a lâmina da guilhotina.

O destino do nosso fabricante de armas é bem outro. Os milhares de cadáveres sobre os campos de batalha não lhe são contabilizados como débitos criminosos, mas antes como créditos virtuosos. E ele é condecorado pelos altos serviços prestados à nação. As razões do poder transformam crimes em heroísmo.

Charles Chaplin não está falando nem sobre um nem sobre o outro. Está falando sobre esse terceiro invisível que pune com a morte crimes pequenos e recompensa com a glória crimes grandes. Esse terceiro é o Estado.

Por isso, porque estou convencido da intrínseca imoralidade do Estado, é que me recuso a dar-lhe o poder legal de matar. Que ele o faça diariamente, que os assassinatos impunes ocorram a cada dia por obra dos seus agentes, isso é um fato atestado pela simples leitura dos jornais. A pena de morte já é um fato, e não somente para os autores de crimes hediondos: inocentes morrem diariamente pelo uso legítimo das armas nas mãos dos representantes do Estado. Mas de forma alguma permitirei, no meu pensamento, que esse fato hediondo seja transformado em legalidade.

Acreditaria mais se os defensores da pena de morte para os criminosos penetrassem um pouco mais fundo. O crime não começa com o dedo que puxa o gatilho. Ele começa naquele que fabrica as armas. Pois é claro: quem quer que fabrique uma arma tem uma intenção de morte, da mesma forma como quem fabrica um violão tem uma intenção de música e quem fabrica uma panela tem uma intenção de comida. Ao punir como criminosos os que puxam os gatilhos e condecorar como heróis os que fabricam as armas, o Estado revela a sua estupidez moral. Na verdade, aquilo a que se dá o nome de razões de Estado nada mais é que aquilo que a sensibilidade moral condenou como crime.

Assim, temos duas perguntas a serem respondidas. Primeira: quem nos salvará dos crimes dos criminosos? Segunda: quem nos salvará dos crimes do Estado?

E a segunda é infinitamente mais difícil de ser respondida do que a primeira. Pois ainda não se descobriu uma forma de colocar o Estado sob a lâmina da guilhotina.

É PRECISO TAPAR O BURACO DOS RATOS

O NOME DO FILME. ACHO QUE ERA *QUEIJO SUÍÇO*. O GORDO E O MAGRO ESTAVAM sem emprego. Precisavam ganhar dinheiro. Ouviram que a Suíça era um país famoso por seus queijos. Pensaram: *se na Suíça há muitos queijos, é lógico que lá deverá haver muitos ratos. Mas ninguém gosta de ratos. E, em especial, os fabricantes de queijos devem odiar os ratos. Se não gostam dos ratos, é lógico que a Suíça deve ser um excelente mercado para matadores de ratos.* Tomaram, assim, uma decisão: "Vamos matar ratos na Suíça".

Puseram-se, então, a pensar sobre a tecnologia adequada para matar ratos. Consultaram a bibliografia disponível. Leram sobre um famoso matador de ratos imortalizado pela literatura: um flautista! Aconteceu na cidade de Hamelin na

Alemanha, que havia sido tomada por milhões de ratos. Eram tantos que gatos e ratoeiras eram inúteis. Pois o dito flautista se livrou deles de uma forma insólita: pôs-se a tocar uma flauta, e os ratos, amantes da música, foram hipnotizados, saíram de seus buracos e puseram-se a segui-lo por onde ia. Ele, então, simplesmente entrou no rio que passava pela cidade, tocando sua flauta. Os ratos, esquecidos de que não sabiam nadar, entraram também no rio, foram levados pela correnteza e morreram.

Mas o Gordo e o Magro não sabiam tocar flauta. Assim, deixaram de lado essa tecnologia musical. Pensaram em usar ratoeiras para matar os ratos. Mas os ratos são espertos. Logo eles aprendem sobre as ratoeiras e não mais caem na armadilha mortal. Examinaram, depois, a possibilidade de usar gatos. Mas os gatos logo se tornam um problema. Multiplicam-se com rapidez idêntica à dos ratos e tornam-se uma peste pior que os ratos, tal como aconteceu no palácio do rei. Além disso, depois de comerem todos os ratos, a fome dos gatos não cessa, e eles passam então a devorar pássaros, que todos amam por sua beleza e canto. Na ausência dos ratos, sabiás, pintassilgos, canários, rolinhas, pombas e curruíras passam a ser a comida diária dos gatos.

Descartadas flautas, ratoeiras e gatos, o Gordo e o Magro pensaram: *É tolice tentar acabar com os ratos depois que eles entram no quarto dos queijos. O certo é impedir que eles entrem no quarto dos queijos. Mas eles só entram no quarto dos queijos se houver buracos. Ora, se os buracos forem tampados, eles não poderão entrar. Não entrando, os queijos não serão comidos.* Concluíram, então, que a eliminação científica dos ratos se consegue por meio de uma técnica baseada na dialética entre buracos abertos e buracos tampados.

É PRECISO TAPAR O BURACO DOS RATOS | 33

34 | CONVERSAS SOBRE POLÍTICA

Munidos dessa nova técnica, bateram à porta da primeira fábrica de queijos e ofereceram seus serviços. O dono ficou encantado porque havia muitos ratos a comer os seus queijos.

O Gordo e o Magro se puseram a trabalhar. A primeira coisa que fizeram foi tirar de sua caixa de ferramentas uma pua grossa com a qual fizeram um buraco redondo no assoalho do depósito dos queijos. O dono da fábrica lhes perguntou:

– Para que esse buraco?

Responderam:

– Para os ratos passarem!

A seguir, tiraram da mesma caixa de ferramentas um tarugo de madeira com o qual tamparam o buraco que haviam feito.

– Para que esse tarugo de madeira no buraco? – perguntou de novo o dono da fábrica.

E eles responderam:

– Para os ratos não passarem...

Não me lembro do final do filme. Mas sei que o Gordo e o Magro estavam certos: para acabar com os ratos, é preciso tampar os buracos por onde entram. Aí eu me perguntei: *Mas quem é que faz os buracos pelos quais os ratos entram no quarto dos queijos?*

A resposta é simples: os ratos entram no quarto dos queijos porque nós, cidadãos, fazemos os buracos. Os ratos estão lá por culpa nossa. Os buracos através dos quais os ratos entram são os nossos votos. Os ratos entram no quarto dos queijos democraticamente...

É fácil fazer um regime com votos e eleições. Votos e eleições dão a impressão de democracia... Mas não bastam para impedir a invasão dos ratos. Votos e eleições são apenas meios – necessários, mas não suficientes – para que a democracia aconteça. A democracia se assemelha a uma obra de arte. Tome a *Pietà*, por exemplo. Ela não é o resultado de cinzéis e martelos, embora cinzéis e martelos tenham sido usados por Michelangelo para esculpi-la. Mas, antes que cinzéis e martelos fossem usados, foi necessário que a ideia da *Pietà* tivesse surgido na cabeça de Michelangelo. Os cinzéis e martelos foram apenas os meios usados pelo artista para realizar sua ideia. Assim é a democracia: ela é uma obra de arte coletiva. Começa com as ideias do povo. Votos e eleições são meios para que o pensamento do povo se realize.

Aqui se encontram a delicadeza e a fragilidade da democracia: para que ela se realize, é preciso que o povo saiba pensar. Se o povo não souber pensar, votos e eleições não a produzirão. A presença dos ratos na vida pública brasileira é evidência de que o nosso povo não sabe pensar, não sabe identificar os ratos... Não sabendo identificar os ratos, o próprio povo, inocentemente, abre os buracos pelos quais eles entrarão.

Mas... o que é que ensina o povo a pensar? É a educação. O fundamento da democracia é a educação do povo.

A presença dos ratos na vida política brasileira, sendo evidência de que o nosso povo não sabe pensar, é, assim, evidência também de que nossas instituições de educação e ensino não cumpriram a sua missão mais importante, que é a de ensinar o povo a pensar. E isso não se identifica nem com a transmissão de conhecimentos nem com a produção de pesquisas.

36 | CONVERSAS SOBRE POLÍTICA

É hora de perguntar: "O que há de errado com a educação no Brasil?" Se a educação não cumprir a sua missão, o povo não aprenderá a pensar e estaremos condenados a conviver permanentemente com os ratos. E, infelizmente, não é possível chamar o Gordo e o Magro para tapar os buracos por onde os ratos entram...

A ALDEIA QUE NUNCA MAIS FOI A MESMA

Há UMA HISTÓRIA DO GABRIEL GARCÍA MÁRQUEZ QUE INSISTE EM FICAR SE recontando, dentro de mim, muito embora eu já a saiba de cor. Bem sei que a repetição, quando se trata de prosa, é sinal de esquecimento e de esclerose. Mas, no mundo poético, a coisa é bem outra. Os mitos exigem ser recontados, pois eles são temas que se confundem com o nosso próprio corpo e se recusam a ser colocados no esquecimento. Coisa dita por Milan Kundera, mas já sabida há muito por artistas e contadores de histórias:

"A vida é composta como uma partitura musical. O ser humano, guiado pelo sentido da beleza, transpõe o fortuito para fazer disso um tema que, em seguida, fará parte

38 | CONVERSAS SOBRE POLÍTICA

da partitura de sua vida. Voltará ao tema, repetindo-o, modificando-o, desenvolvendo-o e transpondo-o, como faz um compositor com os temas de sua sonata..."

E é assim que a história fica se repetindo...

* * *

Uma aldeia de pescadores, perdida num sem-fim de mundo, rodando com as voltas sempre iguais das rotinas do cotidiano, a banalidade dos mesmos rostos em suas máscaras de espumas, a mesma fala, sons ocos vazios, um sentimento de sem-saída, todos condenados ao mesmo inevitável grotesco-banal... Até que, numa manhã igual, um menino viu uma coisa diferente flutuante no mar e gritou, e todos vieram à praia, qualquer novidade serve, e esperaram que o mar, no seu sem-pressa, pusesse a coisa sobre a areia. E o desapontamento foi grande. Homem morto, afogado, desconhecido. E o costume era que as mulheres preparassem os mortos para a sepultura. Assim o levaram para uma das casas; as mulheres dentro, os homens, fora. E o silêncio foi grande. Que é que se pode falar sobre um morto desconhecido? Até que uma das mulheres, leve tremor no canto da boca, comentou:

– É, se ele tivesse vivido entre nós, teria tido sempre de abaixar a cabeça ao entrar em nossas casas; é alto demais...

Com o que todas concordaram discretamente, para mergulhar de novo no silêncio da morte. Mas a vida se intrometeu de novo, e uma outra rompeu o silêncio:

– Penso em como teria sido a sua voz. Como as ondas? Como a brisa? Teria sabido dizer aquela palavra que faz com que uma mulher apanhe uma flor e a ponha no cabelo?

E em todas as bocas houve um suave sorriso, de novo dissolvido no silêncio. Até que uma outra teve de falar:

– Penso nestas mãos... Terão conduzido navios? Plantado árvores? Construído casas? Quem sabe elas sabiam amar, acariciar, abraçar...

E todas riram um riso que não mais acabava, e o velório virou festa, enquanto aves selvagens, chamadas pelo morto do sono-esquecimento em que se encontravam, começaram a bater asas, e os corpos em que moravam voltaram à vida, e nos seus olhos apareceu o brilho da alegria que todos pensavam sepultada. E os maridos, de fora, tiveram ciúmes do morto, pois ele, no seu silêncio, fazia com elas o que eles não conseguiam fazer com suas palavras. E pensaram que eles eram pequenos demais, e lamentaram as palavras de amor que não disseram, os mares que não navegaram, as mulheres que não abraçaram. A história termina dizendo que eles finalmente enterraram o morto. Mas a aldeia nunca mais foi a mesma.

* * *

Coisa estranha esta, que do silêncio de um morto a vida seja invocada dos buracos onde se escondera. É que ela, a morte, tem o poder mágico de interromper a cadeia sem fim das banalidades cotidianas – ela faz parar o mundo, como diria o bruxo dom Juan, da história de Castañeda. E, quando isto a que damos o nome de "realidade" é interrompido, abre-se um espaço novo para aquilo que não existe: os desejos esquecidos, as esperanças abandonadas, as utopias que um dia iluminaram horizontes, os sonhos que nos fizeram sorrir. E me lembro de Valéry: "Que seria de nós sem o auxílio das coisas que não existem?"

E foi isto que aconteceu na aldeia de pescadores: os corpos flácidos foram "possuídos" pelas memórias de um amor esquecido – isto a que damos o nome de sonhos.

Que nós sejamos sonhos encarnados, isso era já coisa sabida por sabedoria muito antiga, que anunciava o espanto de que "o poema se faça carne". Mas os poetas também o sabem. Tanto assim que o Drummond se refere à escrita que mora no interior do seu corpo e que nem ele mesmo consegue decifrar, muito embora ela more em cada um dos seus gestos. O que a psicanálise fez foi só dizer em prosa e teoria aquilo que outros já sabiam, sem palavras, como vida. E foi por isso que, por oposição aos médicos, ela abandonou o apalpar dos corpos para se dedicar à escuta dos sonhos que neles crescem. O caminho para a carne pelo onírico. Ou, nas palavras mais poéticas da Adélia Prado, "erótica é a alma". É do sonho que nasce a dança e nasce a luta. Melhor guerreiro é o que sonha mais...

Mas se pensava que isso era verdade apenas para indivíduos solitários e se dizia que os povos eram feitos de substância outra, mais forte, minérios e terras, armas e máquinas, músculos e ouro. E não se percebia que também os povos são construídos com os sonhos. Coisa que li pela primeira vez em Santo Agostinho, que dizia que era isto que fazia os povos: aquilo que se amava. Aqueles que partilham sonhos se dão as mãos e caminham juntos. E esse é, precisamente, o início da política, que poderia até ser definida como a arte de administrar os sonhos de um povo. E não será esse, por acaso, o único sentido possível para uma Constituição? O grande sonho, o horizonte utópico, o ausente para o qual se caminha, poema que se lê e se repete, como tema de um cânon, que vai e volta, sem fim, e que se lê pela beleza das esperanças que evoca? Essa história, eu a recontei pela primeira vez quando pensei que o Brasil, aldeia morta, estava sendo ressuscitado pelo poder de mortos em cujo silêncio nossos sonhos cresciam. Mas o fato é que hoje ninguém está sonhando. Não há ninguém que faça o povo sonhar. Tudo ficou triste e parece terminar como em "A banda", do Chico Buarque:

Mas para meu desencanto
O que era doce acabou
Tudo tomou seu lugar
Depois que a banda passou
E cada qual no seu canto
Em cada canto uma dor
Depois da banda passar
Cantando coisas de amor

Já não temos mortos mágicos que façam lugar, com o seu silêncio, para os sonhos de amor. Restam-nos os vivos mortos que se esqueceram da fala de amor e só sabem falar de poder. Por isso nem os sonhos do povo podem ser ouvidos. E nem o povo se atreve a sonhar. Não é mais povo. E a história, então, teria de ter outro fim: "E eles enterraram o morto, e a aldeia voltou a ser como sempre tinha sido".

SENHORAS PREFEITAS, SENHORES PREFEITOS...

SENHORAS PREFEITAS, SENHORES PREFEITOS: EU NÃO SOU POLÍTICO. NADA ENtendo de administração. Não tenho conselhos técnicos a oferecer. Mas, ainda assim, ouso pedir que me leiam. O texto é curto. Não vai tomar muito do seu tempo. Ignorem minhas incompetências. Se o que vou dizer fizer sentido, ficarei feliz. Se não fizer sentido, é só esquecê-lo.

Jay W. Forrester, professor de administração do MIT, enunciou a seguinte lei das organizações: "Em situações complicadas, esforços para melhorar as coisas frequentemente tendem a torná-las piores, algumas vezes muito piores e, ocasionalmente, calamitosas".

Essa mesma lei foi enunciada há quase dois mil anos de forma mais simples e poética, que todos podem compreender:

"Não se costura remendo de tecido novo em roupa podre. Porque o remendo de tecido novo rasga o tecido podre, e o buraco fica maior do que antes" (Mateus 9:16).

As senhoras e os senhores estão diante de uma situação complicada. O impulso administrativo é fazer coisas para melhorá-la. A roupa que tens nas mãos está podre e esburacada. O impulso administrativo é costurar remendos de pano novo no tecido podre. Forrester e Jesus profetizam: "Não vai dar certo".

O livro sagrado do taoísmo, o *Tao Te Ching*, diz que estamos constantemente divididos: de um lado, a tentação de dez mil coisas que demandam ação. Todas não essenciais. Do outro lado, está uma única coisa: o essencial, raiz das dez mil perturbações. Sabedoria é deixar o sufoco das dez mil coisas não essenciais e focalizar os olhos na única coisa que é essencial.

Pergunto: estão enrolados pelas dez mil coisas não essenciais que demandam ação ou já conseguiram focar os olhos no coração do bicho de onde nascem as dez mil coisas?

Faz algum tempo, escrevi um artigo com o título "Sobre política e jardinagem". Gosto de jardins, gosto de jardinagem. Os jardins são o mais antigo sonho da humanidade. As Sagradas Escrituras contam que Deus se cansou dos seus infinitos espaços celestiais e começou a sonhar. Qual foi o seu sonho? Um jardim: paraíso. E achou o jardim tão melhor que o seu céu anterior que resolveu mudar de casa: passou a morar no jardim e gostava de caminhar por ele quando a brisa da tarde era fresca.

Uma das necessidades mais profundas do corpo é o espaço. O corpo precisa do *seu* espaço. Por isso, os lobos e os

44 | CONVERSAS SOBRE POLÍTICA

cães urinam em certos lugares. A urina é a cerca que usam para marcar o *seu* espaço. Os pássaros marcam o seu espaço cantando. Esse espaço é parte do corpo. Quando ele é invadido por um estranho, o corpo estremece: ou com a fúria que leva à luta ou com o medo que faz fugir. Diferentemente dos lobos, cães e pássaros, nós não urinamos ou cantamos para marcar o nosso espaço. Criamos símbolos. Para os homens o símbolo que marca o seu espaço-corpo é o jardim. Quando esse espaço é destruído, a vida social é destruída também.

"Paraíso" – jardim – é uma palavra que se deriva do grego *paradeisos*, que, por sua vez, vem do antigo pérsico *paridaeza*, que quer dizer "espaço fechado". Jardim é um espaço fechado. Por que fechado? Para ser protegido. Para que seja nosso. Fora dos muros que fecham o jardim está o espaço selvagem, ainda não moldado pelo desejo de vida e beleza que mora nos seres humanos. Política é a arte de criar esse espaço. Política é a arte da jardinagem aplicada ao espaço público. Deixando de lado as dez mil coisas a serem feitas, digo que a missão das prefeitas e dos prefeitos é criar esse espaço necessário para que a vida e a convivência humana possam acontecer. Tudo o mais é acessório.

Como se cria esse espaço? A resposta mais óbvia é: fazendo as dez mil tarefas administrativas que a criação de um jardim exige. Perguntei, num dos meus artigos: O que vem primeiro? O jardim ou o jardineiro? É o jardineiro. O que é um jardineiro? É alguém que sonha com um jardim antes que o jardim exista. Um jardim, assim, não começa com dez mil atos. Começa com um único sonho. O jardim começa na cabeça das pessoas. Começa com o pensamento. Se o povo não sonhar com jardins, os jardins não serão criados. E os que porventura existem logo se transformarão em lixo. Não há jardim que resista aos predadores. Predadores dos jardins são os seres humanos que não pensam jardins.

Digo, portanto, que a tarefa mais alta das prefeitas e dos prefeitos não são os dez mil atos administrativos e as inaugurações que se lhes seguem. Sua missão mais importante é seduzir os habitantes das cidades a amar os jardins, a pensar jardins. Por favor, me entendam: uso a palavra jardim como metáfora para o espaço da cidade, que deve ser uma extensão do corpo das pessoas. Se as pessoas não sentirem que o espaço da cidade é uma extensão do seu corpo, então ele não será jardim, espaço protegido. Será o espaço selvagem de onde se deve fugir. E cada qual se esconderá atrás dos muros, atrás das grades, atrás dos cães, e viverá no espaço pequeno do seu medíocre apartamento, do seu medíocre condomínio, das suas medíocres mansões. E a cidade será um espaço morto, entregue à fúria dos carros e à violência das feras...

As senhoras e os senhores já pensaram que, mais importante que as dez mil coisas administrativas que podem ser feitas, a sua tarefa essencial é fazer o povo pensar? Que o essencial é educar? O Diabo sugeriu que Jesus tomasse providências práticas imediatas para resolver o problema. Jesus respondeu que o que realmente importava era a palavra.

Sonho que se sonha só
É só um sonho que se sonha só.
Mas sonho que se sonha junto é realidade.
("Prelúdio", Raul Seixas)

É preciso que o espaço-jardim da cidade exista primeiro na cabeça das pessoas, para então se tornar realidade. Isso é o essencial.

ESTOU ENJOADO DE POLÍTICA

OLHO PARA AS NOTÍCIAS DA POLÍTICA COM ABSOLUTA INDIFERENÇA. POR vezes o absurdo é incomum e se torna ridículo. Aí o humor me provoca, por um curto espaço de tempo, mas logo retorno à realidade. As notícias são de uma mesmice sufocante. Os mesmos rostos, os mesmos lugares-comuns, as mesmas frases batidas que nada dizem. Sou tomado por uma sensação física de paralisia e impotência. Nada posso fazer, em nada posso acreditar. Meus pensamentos ficam pesados como blocos de concreto: entidades inertes, mortas, das quais não surge nenhuma vida. Nietzsche confessava haver se encontrado com o Demônio e que, sempre que isso acontecia, todas as coisas leves ficavam pesadas e caíam. O que o levou a afirmar que o Demônio era o espírito da gravidade. Sinto o mesmo quando vejo as notícias da política. O que me leva a suspeitar que é aí que o Demônio mora. Por mais que me esforce, não consigo me lembrar da última vez que ouvi alguma coisa inteligente da boca de um político. Pois a marca de uma coisa inteligente é o seu poder para fazer o pensamento voar, abrir horizontes, tornar luminoso o mundo, sugerir alternativas e abrir caminhos novos para o pensamento e para a ação.

Não estou sozinho neste desencanto. Guimarães Rosa sentia a mesma coisa. Dizia que jamais poderia ser político.

Confesso que a minha alma, nos anos sombrios da ditadura, brincava com a certeza de que aquilo não poderia durar para sempre. Era impensável que o horror durasse para sempre. Dietrich Bonhoeffer, numa das cartas que escreveu da cela da prisão de um campo de concentração nazista, conta que o prisioneiro desconhecido que o antecedera escrevera, na parede, a sua mensagem de esperança desesperada: "Dentro de cem anos tudo isto terá terminado".

Muitas vezes repeti a mesma frase, embora não me atrevesse a imaginar que o medo pudesse persistir por tanto tempo. O horror chegaria ao fim e, com ele, um novo tempo. "Apesar de você, amanhã há de ser outro dia..."

O pensamento dançava entre o absurdo e a esperança. De um lado, o noticiário político anunciava o presente. Mas os poetas cantavam um futuro. O que fazia com que o presente fosse vivido como tempo de espera, como gravidez, expectativa escatológica.

48 | CONVERSAS SOBRE POLÍTICA

Como dois e dois são quatro
sei que a vida vale a pena
embora o pão seja caro
e a liberdade pequena

Como teus olhos são claros
e a tua pele, morena
como é azul o oceano
e a lagoa, serena

Como um tempo de alegria
por trás do terror me acena
e a noite carrega o dia
no seu colo de açucena

– sei que dois e dois são quatro
sei que a vida vale a pena
mesmo que o pão seja caro
e a liberdade, pequena.
("Dois e dois: quatro", Ferreira Gullar)

Era noite, mas se podiam ver no horizonte as cores da madrugada. Por isso o pensamento era leve! Por isso as ideias voavam! Por isso se geravam utopias! Por isso – apesar de tudo – os poetas falavam e o povo cantava:

Caminhando e cantando
e seguindo a canção,
somos todos iguais,
braços dados
ou não...
("Pra não dizer que não falei das flores", Geraldo Vandré)

Não havíamos sido abandonados pela beleza. Mas esse tempo passou. O tempo do horror chegou ao fim, e o que nasceu foi um novo horror. Nosso tempo está vazio. Os poetas estão silenciosos. É noite, sem nenhum anúncio de madrugada. Noite sem canções, noite sem sonhos. A psicanálise descobriu que somos sonhos feitos carne. Músculos, ossos, sangue: sólidas realidades físicas que não podem viver sem pão. Mas, como dizem os textos sagrados, "o homem não viverá só de pão". Nossa carne precisa de sonhos para viver. São os sonhos que moram neste corpo que desenharão os seus gestos: se ele voará, leve, na direção de suas esperanças, construindo caminhos e pontes e plantando jardins, ou se deixará afundar no charco da tristeza, fazendo apenas aquilo que a dura luta pela sobrevivência exige. "Sonho, logo existo."

Aquilo que é verdadeiro para os indivíduos também é verdadeiro para os povos. Santo Agostinho já sabia disso e dizia que um povo é o conjunto de pessoas que amam as mesmas coisas, que têm sonhos comuns. Muitos séculos mais tarde, o sociólogo Émile Durkheim repetiria a mesma coisa, dizendo que um povo não se faz com coisas materiais. Um povo se faz com ideais, com esperanças partilhadas. Estava certo o poeta Tagore quando dizia que o povo pedia canções. Há de haver visões de beleza, utopias de jardins e de harmonia entre os homens e a natureza, esperanças de paz e tranquilidade, e o sentimento bom de que se está construindo um mundo amigo a ser legado como herança aos nossos filhos.

É por isso que os noticiários políticos só me causam náusea. Pois se noticia como se o destino de um povo se tecesse nas artimanhas do poder. Mas um povo não nasce do poder; ele é uma criatura do amor. E o poder só tem sentido quando é uma ferramenta para a realização do amor. Daí a nossa tristeza, pois o povo não acredita que o poder esteja a serviço de seus sonhos. E, de tanto ver seus sonhos abortados, achou melhor deixar de sonhar. Mas não é isto que deveria ser um político? Aquele que, por ser do povo, sonha os sonhos do povo e se dedica a transformá-los em realidade? Lembro-me das palavras de Miguel de Unamuno:

"Pelo que me diz respeito, jamais de bom grado me entregarei nem outorgarei a minha confiança a condutores de povos que não estejam penetrados na ideia de que, ao conduzir um povo, conduzem homens; homens de carne e osso; homens que nascem, sofrem e, ainda que não queiram morrer, morrem; homens que são fins em si mesmos, e não meios; homens, enfim, que buscam a isto a que chamamos felicidade."

A esperança é de que, distantes da pantomima do poder, os sonhos não tenham morrido. Como na história da *Bela Adormecida*, eles dormem, mais profundos que pesadelos do cotidiano. E um dia acordarão. E o povo, possuído pela sua beleza esquecida, se transformará em guerreiro e se dedicará à única tarefa que vale a pena, que é a de transformar os sonhos em realidade. Essa é a única política que me fascina. Como o Guimarães Rosa, vivo na esperança da ressurreição dos mortos.

ENTRE FEZES E FLORES

O OLFATO, SEGUNDO ME DISSERAM, É O MAIS PRIMITIVO DE TODOS OS SENTI-dos. Isso não deve ser acidental. Talvez os cheiros sejam as informações mais fundamentais que o organismo deva ter sobre o mundo que o cerca a fim de tomar as providências devidas. Perfume de jasmim, cheiro de comida boa: a gente se aproxima. Fedor: o nariz protesta, o estômago estremece e a gente foge...

Sendo o mais primitivo dos sentidos, o olfato antecede a razão. Antes que o pensamento formule razões, o olfato já chegou às conclusões. O cão, que não é bobo, não abocanha sem cheirar antes. O nariz tem de aprovar primeiro.

Shakespeare sabia que o olfato é um importante sentido de sensibilidade política. Ao final da cena IV de *Hamlet*, ele

52 | CONVERSAS SOBRE POLÍTICA

põe na boca de um oficial as seguintes palavras: "Há algo de podre no reino da Dinamarca". Os olhos ainda não haviam visto. Mas o nariz já havia percebido.

Meditando sobre a sabedoria nasal de Shakespeare, observei que à palavra "podre" falta a precisão necessária. Há o podre das laranjas, o das madeiras, o dos peixes, o da carniça: todos esses são podres exteriores a nós. Mas há um podre inconfundível, repulsivo: o que nos informa da decomposição que acontece dentro de nossas próprias entranhas. O "algo de podre no reino da Dinamarca" nos informa da decomposição que está acontecendo nas próprias entranhas da vida política.

Pelo que sei, Jonathan Swift foi o primeiro escritor a falar sobre as relações entre política e excrementos. Gulliver, visitando a cidade de Lagado, tomou conhecimento de uma tentativa científica de determinar o caráter dos políticos pela análise de suas fezes.

Ao entrar no mundo dos excrementos, a linguagem se cerca de pudores e tabus. Protege-se. Falar literariamente sobre fezes, tudo bem. Mas usar palavras que emitam o fedor dos excrementos, isso não. Assim, estabeleceu-se uma etiqueta literária que diz que há certas palavras que não devem ser usadas para não provocar repulsa. Em seu lugar devem empregar-se sinônimos científicos que, por serem científicos, são por isso mesmo inodoros e podem ser usados mesmo nas rodas mais cerimoniosas. Palavras como "defecar" e "fezes" podem ser usadas sem problemas.

Digo isso porque, ao escrever a primeira versão deste artigo, fiz uso abundante de uma palavra proibida, obscena e malcheirosa. Escorei-me na autoridade de Fernando Pessoa, que termina um de seus poemas com um urro existencial-excremental: "Merda! Sou lúcido". Por vezes a lucidez exige o uso de palavras proibidas. Pois não é isso que é poesia?

Consultei amigos sobre o uso da dita palavra. A grande maioria aprovou. Mas alguns me advertiram: aquela palavra poderia causar mal-estar. Seria prudente que eu usasse palavras limpas para dizer o sujo. Acontece, entretanto, que aquela é a única que comunica o horror, o nojo, a repulsa, o vômito que estou sentindo ao respirar o ar do Brasil. Se fosse uma experiência visual, bastaria fechar os olhos. Mas é uma experiência nasal. Não posso tapar o nariz por muito tempo.

"Caganeira" foi a palavra que usei. Segundo o *Aurélio*, essa palavra é um plebeísmo, só usada pela ralé, e acrescenta que o sinônimo delicado para ela é "diarreia". Não concordo. "Diarreia" não é sinônimo de "caganeira". "Diarreia" é termo médico, perturbação intestinal indesejável, da qual o enfermo deseja se curar. Não é o que acontece na política. A erupção fecal apodrecida que empesteia o ar que, por vezes, se respira no mundo da política, é produzida de forma meditada, deliberada. Os que a produzem, se puderem, continuarão a produzi-la pelas vantagens que derivam dela. Fezes são poder, fezes são dinheiro. O que não desejam é ser apanhados em suas atividades escatológicas, é que seus excrementos transbordem, passando ao conhecimento público. E, sobretudo, não desejam ser identificados como a fonte da fedentina. "Quem foi que fez? Não fui eu!"

Produzir fezes sem que ninguém saiba é uma virtude de políticos astutos. Maquiavel já dizia que pouco importa que o príncipe tenha fezes abundantes e fedorentas.

54 | CONVERSAS SOBRE POLÍTICA

O que importa é que seus súditos pensem que suas fezes são poucas e perfumadas.

Atendendo aos meus amigos e em respeito aos de nariz mais delicado, tomei a decisão de não usar a palavra maldita. No lugar, colocarei um vazio representado por -x-x-x-x-, que você preencherá segundo o seu impulso. Ou colocando ali a delicada "diarreia", ou lendo ali a tal palavra maldita...

É inútil trancar as privadas na esperança de que essa medida esconda o cheiro. Mesmo com portas trancadas a -x-x-x-x de alguns dos representantes do povo é de tal massa, volume e peso que o fedor se mistura com o ar que se respira. E aí não faz sentido ouvir música, ler poesia, brincar com os filhos ou rezar. As fezes e o seu fedor são impositivos: precisam ser limpos. Assim acontece: as pessoas param de pensar porque o fedor paralisa o pensamento. As ações que deveriam marcar um governo ficam suspensas, esperando que a limpeza aconteça. Imagine um médico inexperiente e de nariz sensível que, ao tratar de um enfermo acometido de -x-x-x-x-, se limite a prescrever penicos, papel higiênico, banhos e loções perfumadas... Por um curto momento até pode ser que o fedor pare. O médico, convencido de haver resolvido o problema, deixa então o doente. Mas nem bem sai do quarto, e a -x-x-x-x- se manifesta de novo. Médico tolo! Os horrores e fedores da -x-x-x-x não podem ser curados na extremidade em que se manifestam. Suas causas estão num outro lugar. A -x-x-x-x- não pode ser tratada no lugar da sua manifestação. É preciso sair do transe que o fedor impõe ao pensamento, levando-o a apenas pensar em paliativos, papel higiênico, banho e perfume. Paliativos. É preciso pensar com clareza as causas da -x-x-x-x-.

Onde se encontram elas? A primeira constatação é que a -x-x-x-x- não acontece em qualquer lugar. É endêmica aos espaços do poder. Trata-se de uma doença palaciana e bancária. Conclui-se, cientificamente, que o poder é o meio cultural propício para o desenvolvimento do vírus da -x-x-x-x-. O poder é um fator patogênico. De há muito se sabe que "o poder corrompe, e o poder absoluto corrompe absolutamente". Isso se manifesta de forma mais virulenta nas ditaduras, que sempre se instalam como programas de limpeza. Mas, como a história nos ensina, seu resultado é terrível: sua -x-x-x-x-, além de ser igualmente fedorenta, é letal.

O olfato tem um curioso poder adaptativo: acostuma-se depressa com o fedor. Quem mora perto de curtume não sente o mau cheiro. Tantos e tão frequentes têm sido os surtos de -x-x-x-x- na vida nacional que já se observa uma degeneração dos narizes. As -x-x-x-x- passadas já são lembradas como suaves perfumes, ultrapassadas por -x-x-x-x- mais potentes. Quem ainda torce o nariz ao se lembrar da -x-x-x-x- dos "anões do orçamento"? Agora ela nos parece inofensiva como cocozinho mole de nenê... E o cheiro podre do juiz Lalau, que fazia com que todos tapassem o nariz? Foi ultrapassado pelos eventos fecais mais portentosos que se seguiram. Os narizes perdem sua capacidade de discriminação ética. A princípio os narizes são movidos por um imperativo categórico: "Todas as fezes devem ser limpas e punidas".

Com o costume os narizes ficam mais tolerantes. Aprende-se a conviver com os pequenos fedores, a considerá-los normais. Grandes -x-x-x-x- devem ser castigadas. Mas pequenas ventilações malcheirosas são aceitáveis...

O pintor Pieter Brueghel compôs uma tela fascinante denominada *Provérbios holandeses*. Nela ele representa,

ENTRE FEZES E FLORES | 55

pictoricamente, dezenas de provérbios, por meio de cenas. Delas, a que mais me intrigava era a seguinte: uma torre com um buraco através do qual se projetam, para fora, dois pares de nádegas (se você desejar, use um sinônimo...). Só as nádegas são vistas. O rosto dos donos está dentro da torre – protegido pela invisibilidade. Quem vê nádegas não vê de quem são... A invisibilidade protege da vergonha. Explicação: na Idade Média não havia privadas nas casas. Os buracos nas paredes as substituíam: os necessitados introduziam neles o traseiro e defecavam do lado de fora, no espaço público. Mas o que me intrigava na tela de Brueghel é o fato de serem dois os pares de nádegas. Por que dois? Para ilustrar o provérbio vulgar e divertido: "São tão amigos que cagam juntos". A democracia se constrói sobre a percepção de que, na política, é na invisibilidade que as -x-x-x-x- proliferam. É a invisibilidade que garante a impunidade. Assim, para impedir o aparecimento de -x-x-x-x-, só há um recurso: tudo tem de ser visto. Todas as paredes têm de ser de vidro. A visibilidade é a garantia do decoro político, condição para que o povo respire o ar limpo e puro dos jasmins! É para isso que o povo elege seus representantes. Os representantes do povo, democraticamente eleitos, têm a função primeira de serem olhos para garantir a visibilidade, de serem narizes sensíveis, atentos aos fedores...

Mas... e se os ditos representantes forem contagiados pelo vírus da -x-x-x-x-, endêmica nos lugares do poder? Nesse caso Brueghel teria de repintar sua tela: não uma torre com um buraco e dois pares de nádegas. Em seu lugar um prédio enorme, com uma infinidade de buracos, todos eles devidamente ocupados por amigos entregues à fraternidade fecal...

ESTAMOS EM GUERRA

NUM JOGO DE FUTEBOL. FALTAS SÃO AÇÕES PROIBIDAS. MAS AS PRÓPRIAS regras do jogo dizem que, a despeito das proibições, elas acontecerão inevitavelmente. É por isso que as regras preveem punições. O juiz é o olho que vê e pune as faltas. Os jogadores cometem faltas sempre na esperança de que o juiz não as veja; tentam enganá-lo. Cometida a falta, eles levantam os braços como que dizendo: "Não aconteceu nada. Sou inocente". Mas, quando o juiz apita, todo mundo para, confessando submissão às regras.

Crimes, numa sociedade, são ações proibidas. No entanto, eles são inevitáveis. São as próprias leis que os proíbem que afirmam sua inevitabilidade ao estabelecerem penas para os mesmos. O futebol convive bem com as faltas: elas são parte da normalidade e da emoção do jogo. As sociedades convivem bem com os crimes: eles têm até um charme e um mistério que excitam a imaginação. É desse mistério e charme que surge a deliciosa literatura de suspense, os Sherlocks Holmes e os Hercules Poirots que fascinam pela inteligência.

Os crimes que fazem parte da normalidade da vida social são, via de regra, motivados por impulsos emocionais individuais: amor, cobiça, dinheiro, vingança, fúria repentina. Os crimes, na medida em que ocorrem dentro da normalidade da vida social, não colocam a ordem social em perigo. Policiais, com suas armas e cassetetes, promotores, advogados, juízes, tribunais, julgamentos, penitenciárias constituem, na sua totalidade, um conjunto de rituais pelos quais a sociedade mastiga, digere e expele o ato proibido...

Imagine agora esta situação impossível: o juiz apita uma falta. Mas o jogador prossegue como se nada tivesse acontecido. O juiz apita de novo. O jogador continua a sua corrida, cometendo outras faltas, até passar a bola para um companheiro que a agarra com a mão entrando com ela no gol. "Gol!", gritam os jogadores do time. O juiz apita enfurecido. Expulsa de campo os jogadores desordeiros. Eles o ignoram e não obedecem. Nesse caso não houve falta. A falta só existe se os jogadores acatam as regras. Ao ignorar o apito do juiz, os jogadores ignoraram a ordem do jogo. O que eles fizeram foi dizer: "Não aceitamos as regras. Fazemos as nossas próprias regras!" O jogador que fez a falta e acatou o apito do juiz tentou apenas fazer uma trapaça. Mas os jogadores que ignoraram as regras não trapacearam. Não tentaram enganar o juiz. Negaram as regras: subverteram a ordem do jogo, acabaram com ele.

Santo Agostinho observou que os criminosos, enquanto criminosos isolados, estão sob o domínio da ordem. Mas, se aumentarem em número, se organizarem e ocuparem territórios, deixarão de ser criminosos e se transformarão num Estado com leis próprias, não por passar a agir com justiça, mas porque à sua injustiça se acrescentou a impunidade. Quando isso acontece, seus atos deixam de ser crimes, resultado de impulsos individuais, e passam a ser uma estratégia militar racional e conjunta de ação, cujo objetivo é a pilhagem. Transformam-se numa empresa com objetivos econômicos. Não são mais criminosos. São subversivos cujo propósito é destruir uma ordem social.

É o caso da violência que assola o país. Era costume explicar os crimes como decorrência da miséria, produto de estruturas sociais injustas. Mas hoje a violência urbana não é ação de miseráveis famintos. É ação de organizações ricas, racionais, poderosas, armadas com as armas mais modernas e que agem com uma lógica militar. Eles se riem dos apitos do juiz... Não se trata mais de crime. Trata-se de subversão.

Crimes individuais são digeridos pela ordem social. A subversão é diferente: é ela que digere a ordem social. A evidência disso é que vivemos sob o império do medo. Três amigos meus já foram mortos. Não me atrevo a sair do meu consultório ao fim de um dia de trabalho. Tenho medo. Examino atentamente a rua. Procuro tipos suspeitos. Esse medo em relação ao mais banal dos direitos, o direito de andar pelas ruas, significa que a cidade já não se encontra sob o domínio da ordem. Ela foi invadida por um exército inimigo que ataca a qualquer momento.

60 | CONVERSAS SOBRE POLÍTICA

Os ataques são repentinos, nos lugares mais imprevistos. Tática militar de guerrilha. São inúteis os condomínios--fortaleza com seus seguranças. Seguranças servem para impedir a entrada de pessoas em situação de rua, vendedores e cães vadios. Impotentes diante dos grupos armados. Estamos de volta à situação da Idade Média, quando os campos estavam entregues aos violentos e a segurança só se conseguia em castelos fortificados e mosteiros.

Os militares, nos tempos da ditadura, convencidos de que havia um processo de subversão da ordem em andamento, desenvolveram uma inteligência estratégica que levou ao aniquilamento daquilo que se considerava subversão. Isso foi feito porque se considerava que estávamos em guerra. Mas a situação que vivemos hoje é infinitamente mais grave. Ainda não percebemos, mas o fato é que estamos em guerra. Pergunto: "por que é que a inteligência militar não desenvolveu uma estratégia e táticas para pôr fim a essa situação, tal como o fez nos tempos da ditadura?". Estamos em guerra! A ordem social está em perigo!

A condição fundamental para a vida social civilizada é a segurança: ausência de medo, tranquilidade para andar a pé pelas ruas e praças, vidros dos carros abertos, olhos tranquilos, que não precisam estar o tempo todo procurando sinais de perigo. O restabelecimento da segurança é, assim, o maior desafio com que se defronta a sociedade brasileira.

Mas guerra de guerrilha não se vence apenas com potencial de fogo. Os vietcongues derrotaram o exército norte-americano. No Brasil, por enquanto, os vietcongues estão levando a melhor.

SOU OBRIGADO A VOTAR...

Era uma manhã luminosa e fresca. Pais, mães, crianças, namorados, velhos... todos tiveram a mesma ideia: o parque. E o parque se encheu de alegria. Era uma felicidade geral...

Mas, de repente, uma coisa estranha aconteceu, parecia pesadelo, um cenário montado por Kafka. O parque se encheu de figuras bizarras, vindas não se sabe de onde; usavam máscaras, na maioria sorridentes, falavam todos ao mesmo tempo, gritavam, acusavam-se, ofendiam-se, montavam cenas de teatro, tentavam atrair um público, diziam todos as mesmas coisas, haviam decorado o mesmo *script*, certamente eram artistas de algum teatro.

Alguns, dentre aqueles que haviam ido ao parque, vendo frustradas suas esperanças de tranquilidade, procuraram

62 | CONVERSAS SOBRE POLÍTICA

silêncio dentro de grutas. Inutilmente. Havia televisões e alto-falantes em todos os lugares. Não se conformando, foram se queixar aos guardas. Argumentaram que espetáculo bizarro, grotesco e barulhento como aquele não podia ser permitido. Os guardas não fizeram nada. Disseram que os artistas tinham permissão das autoridades. Desesperados, resolveram voltar para casa. Mas os portões haviam sido fechados. E neles estava um aviso: "Os portões só serão abertos depois que todos aplaudirem e pagarem pelo espetáculo. Os que se recusarem a aplaudir e a pagar serão severamente punidos".

Não é necessário explicar. É uma parábola da nossa situação política. Esforço-me para pensar com clareza. Frequentemente consigo. Mas diante do espetáculo pré-eleitoral minha razão entra em colapso. Fogem-me as ideias coerentes. Invoco, em meu socorro, aqueles que pensaram racionalmente sobre a política: Platão, Aristóteles, Santo Agostinho, Maquiavel, Tocqueville. Suas ideias são maravilhosas. Mas não me ajudam. O que acontece no Brasil está muito além da imaginação.

Nossa política não pode ser entendida com cabeça de filósofo. Só pode ser entendida com cabeça de bufão. George Orwell chegou a conclusão semelhante. Por isso, deixando de lado o discurso filosófico, adotou o estilo do humor. Escreveu o livro *Animal Farm* (em português apareceu como *A revolução dos bichos*). Todo mundo deveria lê-lo para rir e para ficar mais sábio. A sabedoria só pode ser aprendida e dita com o riso. É a história de uma fazenda cuja bicharada resolveu fazer uma revolução democrática contra o fazendeiro. Nada mais racional. Mas quem leu o livro se lembra do final: o cavalo, que fazia o trabalho pesado, termina seus dias numa fábrica de mortadela, enquanto os gordos porcos, liderança política, assumem democraticamente o poder em alianças secretas com o fazendeiro deposto.

Minha vontade era sair do parque. Mas o portão estava fechado. Fui obrigado a participar da farsa, o que me deixou furioso: o ato de participar implicava que desse meu aval ao jogo. Mas eu sabia que os dados estavam viciados.

Relutantemente me decidi, então, a entrar no jogo. Abandonei os filósofos. Vesti minha fantasia de bufão. Aconselhado por Ulisses, o herói grego, entupi meus ouvidos com cera. Não queria escutar nada do que se falava. Na política não se pode acreditar no que se fala. Além disso, tomei a decisão de tornar-me analfabeto. Queria poupar-me do sofrimento de entender o que se escrevia. Esta era uma ocasião em que as palavras nada significavam.

A política não é o jogo da verdade. Na política o que importa não é ser, mas parecer ser. Política não se faz com a verdade. Política se faz com imagens. Gastou-se uma fortuna para corrigir o sorriso do Carter, quando este se candidatou à presidência dos States. Para a cabeça do eleitor, um detalhe de um sorriso pesa mais que uma ideologia. Collor foi eleito porque, aos olhos do eleitorado, era mais bonito que o Lula. A maioria dos pais queria ter filhos parecidos com o Collor, e não com o Lula. O povo, esta unidade amorfa sobre a qual se assenta a democracia, não é racional.

Dentre todos os candidatos, um deles me chamou a atenção por seu profundo conhecimento intuitivo da psicologia do eleitorado. Não colocou, nos *outdoors* que o anunciam, nem promessas nem fotografias coloridas. Colocou apenas, ao lado do seu número e do apelido diminutivo por que é conhecido, uma

64 | CONVERSAS SOBRE POLÍTICA

bola de futebol, quadriculada em preto e branco. Ele sabe que a psicologia do eleitorado é a psicologia da torcida. A psicologia da torcida ignora ideias e ética. Por amor ao nosso time, todos os crimes são permitidos e perdoados. "Vote em mim! Será um gol para o nosso time!" – é isso que o *outdoor* do referido candidato está dizendo. Será reeleito pela torcida.

Surdo a tudo o que dizem os candidatos, limito-me a observar as imagens. Aquele é o bufão-mor, ator consumado. Sabe representar todos os papéis. Em igreja católica faz o sinal da cruz, em igreja evangélica levanta a mão e fecha os olhos, em candomblé, imagino, aceitaria ser cavalo de orixá. Sua ousadia não tem limites. Tocador de piano nas horas vagas, em gestão anterior arranjou para que, num concerto para seis pianos e orquestra, ele fosse um dos seis pianistas, ao lado de cinco consagrados pianistas brasileiros.

Um outro gostava de posar de pregador evangélico, com a Bíblia na mão. Candidato com a Bíblia na mão está dizendo: "Tenho ligação direta com Deus". Exorcizo. Quem acredita ter ligação direta com Deus não precisa ter ligação com os homens. Se sei o que Deus deseja, por que perder meu tempo com aquilo que os homens desejam? Todo político que cita Deus é um ditador em potencial.

Um outro conquistou fama mundial extraordinária. Um jornal inglês, o *Times*, se não me engano, produziu um livro com biografias das personalidades que moldaram o século XX – Einstein, Freud, Hitler, Fleming, Albert Schweitzer, Churchill, Kennedy –, ao lado de muitas outras, em ordem alfabética. O livro foi traduzido para o português. Aí algo inexplicável e extraordinário aconteceu. O nome do referido político apareceu milagrosamente no lugar daquele que ali se encontrava na edição inglesa, ocupando mais espaço que a biografia de Kennedy. Que santo terá operado tal milagre?

Os outros sobre os quais não tenho nenhum portento circense a relatar não me provocam entusiasmo. Fico indiferente. Não acredito. Votarei num deles, como autômato.

Imagine se você quer construir uma casa. Procura três firmas de arquitetura. Você diz o que você deseja e quais são os seus recursos. Elas preparam projetos. O primeiro é lindo: você se entusiasma. Mas é caro demais. Faltam-lhe os recursos. A segunda empresa começa por lhe dizer quanto vai custar a obra. Você se alegra porque o projeto está dentro do seu orçamento. Mas, quando você vê o projeto, o seu entusiasmo se vai. É um horror. O terceiro não é grandioso como o primeiro, mas você gosta dele. E para ele você tem os recursos. Esse é o projeto que você escolhe.

Democracia deve ser assim. Os partidos são os construtores. Cada um deve apresentar um projeto da casa-país que se propõe a construir. A democracia começa quando o eleitor escolhe o projeto menos ruim. Acontece que eu não tenho ideia alguma do projeto inteiro. Algum político terá? O que prometem são maçanetas, janelas, fechaduras, telhados, pias, privadas. Nada me dizem da casa inteira nem de onde vão tirar os recursos para a construção. Todos prometem as mesmas coisas: segurança, estradas, indústrias, emprego, educação, saúde... mas... qual é o projeto?

Não quero votar. Não quero dar o meu aval ao processo. Mas sou obrigado. Será um voto triste, sem entusiasmo e sem esperanças de ver construída a casa-país com que sonho.

MASQUERADE

POR VEZES, NAS MINHAS FANTASIAS, EU ENTRO PARA UM MOSTEIRO. PROTE-gidos por seus muros de pedras, seus jardins e fontes falam de calma, do tempo vagaroso e nostálgico dos sinos, que pontuam com a sua música sempre igual a presença da eternidade. Separado da loucura apressada do mundo dos homens, o corpo se acalma. E a alma pode então se entregar à alegria dos pensamentos mansos. Pelas manhãs os monges leem seus breviários, as mesmas palavras sagradas que vão atravessando os séculos.

Mas sei que nunca me tornarei um monge. Terei de encontrar a tranquilidade que busco em meio à loucura do mundo dos homens. Foi por isso, por querer tranquilidade, que me decidi a não mais ler os jornais. Dose matutina de veneno, eles só faziam me agitar, agitação que permanecia o dia inteiro. O que me perturbava era a minha impotência: nada havia que eu pudesse fazer. Minhas palavras seriam inúteis, ninguém as ouviria. Pois quem prestaria atenção à voz de um poeta quando todos gritam? E as minhas mãos eram fracas demais: nada podiam fazer. A impotência enlouquece. A loucura bem pode ser uma proteção contra a dor de ver sem nada poder fazer.

Mas algo estranho deve ter acontecido. Pois continuo a ler os jornais e a sua leitura passou a me trazer grande tranquilidade. Eu os leio do mesmo jeito como os monges leem os seus breviários. Por saber que nada posso fazer com as mãos, contento-me com o que os olhos me dão. Álvaro de Campos tem um verso que me assombrou a primeira vez que o li: "E a luxúria única de não ter já esperanças?"

A esperança traz agitação. Ela se apossa do corpo e o obriga a fazer alguma coisa para se ver realizada. Quando a esperança se vai, o corpo descansa. Estudos sobre a psicologia dos doentes enfermos de doença mortal mostram que é no momento em que perdem as esperanças que eles se reconciliam com o inevitável. Vai-se a esperança, vem a paz. Leio os jornais sem esperança. Por isso eles deixaram de me agitar. Eu os leio como quem contempla um espetáculo teatral.

Penso que Dante deveria ter se sentido assim ao andar pelo inferno. Ele nada podia fazer: só olhar. Essa é a razão para ele dar o título de *Divina comédia* ao que viu. Também eu poderia dar o mesmo nome àquilo que vejo nos jornais: comédia... Mas acho que um outro nome se aplica melhor: *masquerade*, baile de máscaras.

68 | CONVERSAS SOBRE POLÍTICA

Os jornais são lidos para se saber o que há de novo neste mundo. Em inglês têm até o nome de *newspaper*, o lugar onde as coisas novas são contadas. Mas o que se encontra neles é só o que há de velho, a repetição do mesmo, que sempre reaparece com máscara diferente. Como numa *masquerade*... o salão se agita. Desfilam as fantasias, dançam os mascarados, as serpentinas cortam o ar, os copos se esvaziam, metamorfoses coloridas sem fim. Mas a orquestra toca sempre a mesma música. O regente, mascarado também, comanda o espetáculo. As dez mil mudanças são os dez mil disfarces de uma mesma farsa. O que sinto é um enfado enorme. Assim, ao iniciar a minha contemplação matutina do espetáculo da loucura humana, eu o faço com a leitura dos versos do livro sagrado: "O que foi é o que há de ser; e o que se fez é o que se tornará a fazer; nada há de novo debaixo do sol" (Eclesiastes 1:9).

As máscaras escondem os corpos. Mas sabemos que eles existem pelos vazios que, de tempos em tempos, se abrem no meio dos mascarados assustados: é que alguém caiu morto, de exaustão. Mas o cadáver é logo retirado do salão, o baile continua, e eis sua máscara e fantasia de novo dançando, no corpo de um outro.

As que mais chamam a atenção são as fantasias de luxo, reluzentes de lantejoulas, de coloridas plumas pavoneantes, dentro delas os Narcisos com máscaras brancas de reis, que abraçam velhinhas e beijam crianças, cujos rostos são logo transformados em espelhos. Narciso transforma em espelho tudo que ele toca. Sua vaidade não tem fim... Há os Napoleões vestidos de fardas e armas, sonhos loucos de poder; os santos guerreiros, em puras túnicas brancas; os Robin Hoods seguidos de blocos de mascarados andrajosos; os piratas com ganchos de rapina, com abutres pousados no ombro; e as delicadas colombinas ante as quais todos se curvam, menos os Narcisos, que nada veem além da própria beleza... Mas ninguém sabe quem é quem. *Masquerade*, farsa, engano... Têm boas razões os palhaços, que não param de rir... E as máscaras, todas elas, têm buracos no lugar do nariz. Se assim não fosse, cairiam, pois os narizes não param de crescer...

Mas há uma presença sinistra, escondida sob uma máscara sorridente. Edgar Allan Poe disse que é a morte, e sobre ela escreveu o conto *A máscara da morte vermelha*. Dela também falou Bergman no filme *O sétimo selo*. E quem ainda se lembra de *Orfeu negro* haverá de se lembrar de que é a morte que comanda o espetáculo. A morte rege a orquestra.

Continuo a leitura do meu jornal. A *masquerade* política continua. Os espectadores lotam as galerias e aplaudem. As máscaras agradecem e os convidam a entrar no salão. Formam-se democráticos cordões comandados pelas máscaras que a loucura elegeu. O regente passa do *allegro* para o *presto*. Aproxima-se a meia-noite, quando as máscaras serão retiradas. Aproxima-se a hora do espanto.

O final já é sabido. Basta ler os jornais do passado. As *masquerades* terminam sempre da mesma forma. Será o que sempre foi. Os palhaços serão os únicos a se salvar. Volto ao texto sagrado: "Vaidade das vaidades, tudo é vaidade" (Eclesiastes 1:2). Gozo a tranquilidade dos que perderam a esperança.

NAUFRÁGIO

WRIGHT MILLS DISSE, CERTA VEZ, QUE O NOSSO MUNDO É COMO UMA GALERA onde todos remam com vigor, imprimindo velocidade cada vez maior ao barco. Só que ninguém tem ideia alguma da direção para onde ele está indo.

Achei essa uma boa metáfora para a situação do Brasil, com apenas dois acréscimos. Primeiro: há um rombo no porão, a água sobe rapidamente, o casco se inunda, vai haver naufrágio. Segundo: na cabine de comando ninguém parece se preocupar com isso. O comandante faz seguidos discursos tranquilizantes, denunciando os boatos alarmistas que sobem dos porões e garantindo que não há razões para pessimismo. A viagem, ele reassegura, transcorre segundo o previsto, o que permite que as festas continuem sem interrupção nos salões de baile. Enquanto isso, parece que os oficiais têm uma única preocupação na cabeça: o que fazer para subir um degrau na hierarquia do poder. No fundo, todos desejariam ocupar a posição do comandante. Para conter a gritaria que sobe lá de baixo, gritos que mais se parecem com gargarejos, gargantas já inundadas de água, o comando despacha para baixo suas forças de segurança, com a missão de restabelecer a ordem – como se o perigo estivesse nos gritos dos que se afogam e não na água que vai entrando...

Ouvem-se as mais fantásticas promessas: refeições gratuitas para a terceira classe, estabilidade de emprego para os que trabalham nas caldeiras, novos elevadores ligando a primeira classe aos porões, pintura colorida nos salões de festas – tudo isso em meio a uma farta distribuição de sanduíches e saquinhos de pipoca. O clima é festivo, e muitos chegam mesmo a se embebedar com caipirinhas, esquecendo-se do único fato que importa: o navio está afundando...

Confesso que sinto um clima um tanto apocalíptico, uma catástrofe que se aproxima. Clima de "últimos dias" – como se um grave julgamento estivesse se aproximando para um país que não aprendeu as lições da história e se deixou fascinar pelas tentações do Demônio. "O importante é levar vantagem" – é isso que o Tentador tem estado dizendo sem parar; e, enquanto se celebram pequenas vantagens individuais ou de partido, o navio continua a afundar. Lembro-me de uma sombria advertência profética que, mesmo expurgada do sentido religioso, mantém a significação como vaticínio político:

"Porquanto, assim como nos dias anteriores ao dilúvio comiam e bebiam, e não perceberam, senão quando veio o dilúvio, que os levou a todos [...]" (Mateus 24:38,39).

A opção com que se defronta o povo do Brasil, neste momento de eleição, é precisamente esta: o engodo dos que prometem todas as coisas, a fim de subir na hierarquia do poder, e o sóbrio realismo dos que nada prometem à guisa de vantagens, por saber que não haverá vantagens para ninguém se o navio afundar.

A esperança é que o povo prefira a vida ao engodo que se lhe oferece.

EXPECTORAÇÃO

A COISA MAIS DIFÍCIL É A PRIMEIRA PALAVRA A SE PÔR NO PAPEL. ÀS VEZES A decisão me toma dias. Mas hoje ela é rápida, como um vômito que salta da boca afora, sem nada que segure: "Não aguento mais os políticos!"

As exceções não me comovem. Só fazem confirmar a regra. São pombas sobre o dilúvio que cobre a terra. Flores que crescem das fezes. Guimarães Rosa concorda comigo. Já citei e repito: "Ao contrário dos 'legítimos' políticos, acredito no homem e lhe desejo um futuro. O político pensa apenas em minutos. Sou escritor e penso em eternidades. Eu penso na ressurreição do homem".

Havida essa "expectoração" inicial, tanto no sentido etimológico de "coisa que sai de dentro do peito" (do latim *ex* + *pectoris*) quanto no uso médico, "catarro que se desprega dos pulmões", salto para alguém que amo e que, penso eu, valeu a pena haver nascido só pelo prazer de ler suas histórias: Gabriel García Márquez. Sobre o Florentino Ariza, jovem perdidamente apaixonado pela Fermina Daza, o qual, pelas tramas, enlouqueceu e até acabou por perder o emprego de escriturário de empresa de navegação por ter-se tornado incapaz de escrever cartas comerciais, que passaram a soar como cartas de amor. Sem emprego, montou uma banca na praça da cidade onde os rábulas ofereciam seus serviços aos pouco letrados necessitados, escrevendo requerimentos às autoridades a preços módicos. Requerimentos Florentino não escrevia, mas cartas para os apaixonados, que sofriam de excesso de amor e curteza de palavras. E isso ele tinha de sobra. Se a carta era dirigida a uma mulher, era só imaginar que era sua querida Fermina. Se era endereçada a homem, escrevia a carta que gostaria de receber da amada. Um dia um moço o procurou... A carta saiu, com pungente paixão. Dias depois, foi uma moça. Trazia nas mãos carta que lhe enviara um homem maravilhoso por quem se apaixonara perdidamente, pela carta que recebera. Somente um homem maravilhoso poderia ter escrito coisas tão lindas. E lhe estendia o papel, prova do que dizia. Florentino toma a carta em suas mãos – e era aquela que ele mesmo escrevera. Agora era a hora de responder a si mesmo. E assim aconteceu, semanas a fio, metido numa furiosa correspondência de amor consigo mesmo. E os dois ficaram perdidamente apaixonados e se casaram, pela magia das cartas do Florentino. Porque as palavras são coisas encantadas: quando misturadas com o amor, fazem aquilo que dizem. Cada um ficou apaixonado do jeito como o Florentino dizia.

Isso não é de espantar. Pois está dito lá nos textos sagrados que no início de todas as coisas está o Verbo, e que o nosso corpo é nada menos que um poema que se fez carne. Somos as palavras que moram dentro de nós. E a gente ama é aquela pessoa que tem o poder de acordar as palavras bonitas, desaprendidas, como na história da *Bela Adormecida*, e que moram nalgum canto escuro, esquecido, do nosso corpo... Bem que diz a Adélia Prado que "erótica é a alma". Acreditem ou não:

"O corpo é uma carne possuída pelas palavras que moram nele. E não adianta o rosto ser bonito se as palavras que moram lá dentro são feias. Como aquela história da princezinha enfeitiçada por uma bruxa má, tão linda por fora, bastava abrir a boca e falar para dela saírem sapos e cobras. Não havia quem lhe fizesse companhia. Pode parecer estranho, mas é a verdade: a beleza mora é nas palavras."

Daí a raiva que me dão os políticos: basta que apareçam na televisão para que todas as palavras bonitas que moram dentro de mim fujam espavoridas, ao mesmo tempo em que os sapos e as cobras começam a rastejar, pegajosos, dentro de minha alma. Os políticos são feiticeiros. Eles têm o poder de despertar o meu lado mais feio. E percebo que não sou eu o único enfeitiçado. O povo já não sabe falar "coisas de amor". Basta sair por aí e conversar nas feiras, nos ônibus, nas portas das igrejas, nos velórios, nas festas de casamento. Todos falam uma coisa só. Nossa alma foi invadida, estuprada, ocupada por uma hoste de demônios sorridentes e bem-vestidos... E o perigo é o contrário do Florentino, que perdeu o emprego por só saber escrever cartas de amor. Confesso que não aguento mais a presença de tais rostos e de tais falas dentro de mim. E, quando estou a ponto de esquecer, tem sempre alguém que puxa o assunto. É provável que romances venham a se desfazer porque, em meio aos prazeres do amor, os amantes se descubram invadidos pelas imagens dos políticos, que voltam sempre.

E assim ficamos à espera de alguém que seja capaz de fazer o povo sorrir. Quando isso acontecer, despertaremos do nosso sono, como a Bela Adormecida, e nos transformaremos em "santos guerreiros contra os dragões da maldade". Somente lutam bem aqueles que têm visões de beleza. Até lá será a luta contra o feitiço. Já devastaram a terra. Que não devastem a alma...

O POVO QUE EU AMO

"**M**ESMO O MAIS CORAJOSO ENTRE NÓS SÓ RARAMENTE TEM CORAGEM para aquilo que ele realmente conhece", observou Nietzsche. É o meu caso. Muitos pensamentos meus, eu os guardei em segredo. Por medo. Albert Camus, ledor de Nietzsche, acrescentou um detalhe acerca da hora em que a coragem chega: "Só tardiamente ganhamos a coragem de assumir aquilo que sabemos". Tardiamente. Na velhice. Como estou velho, ganhei coragem. Vou dizer aquilo sobre o que me calei: "O povo unido jamais será vencido".

É disso que eu tenho medo.

Em tempos passados, invocava-se o nome de Deus como fundamento da ordem política. Mas Deus foi exilado e o "povo" tomou o seu lugar: a democracia é o governo do povo...

78 | CONVERSAS SOBRE POLÍTICA

Não sei se foi bom negócio, o fato é que a vontade do povo, além de não ser confiável, é de uma imensa mediocridade. Basta ver os programas de televisão que o povo prefere.

A Teologia da Libertação sacralizou o povo como instrumento de libertação histórica. Nada mais distante dos textos bíblicos. Na Bíblia, o povo e Deus andam sempre em direções opostas. Bastou que Moisés, líder, se distraísse, na montanha, para que o povo, na planície, se entregasse à adoração de um bezerro de ouro. Voltando das alturas, Moisés ficou tão furioso que quebrou as tábuas com os Dez Mandamentos. E há a história do profeta Oseias, homem apaixonado! Seu coração se derretia ao contemplar o rosto da mulher que amava! Mas ela tinha outras ideias. Amava a prostituição. Pulava de amante a amante, enquanto o amor de Oseias pulava de perdão a perdão. Até que ela o abandonou... Passado muito tempo, Oseias perambulava solitário pelo mercado de escravos... E que foi que ele viu? Viu a amada sendo vendida como escrava. Oseias não teve dúvidas. Comprou-a e disse: "Agora você será minha para sempre". Pois o profeta transformou sua desdita amorosa numa parábola do amor de Deus. Deus era o amante apaixonado. O povo era a prostituta. Ele amava a prostituta. Mas sabia que ela não era confiável. O povo sempre preferia os falsos profetas aos verdadeiros, porque os falsos profetas lhe contavam mentiras. As mentiras são doces. A verdade é amarga. Os políticos romanos sabiam que o povo se enrola com pão e circo. No tempo dos romanos o circo era os cristãos sendo devorados pelos leões. E como o povo gostava de ver o sangue e ouvir os gritos!

As coisas mudaram. Os cristãos, de comida para os leões, se transformaram em donos do circo. O circo cristão era diferente: judeus, bruxas e hereges sendo queimados em praças públicas. As praças ficavam apinhadas com o povo em festa, se alegrando com o cheiro de churrasco e os gritos.

Reinhold Niebuhr, teólogo de moral protestante, no livro *Homem moral e sociedade imoral*, observa que os indivíduos, isolados, têm consciência. São seres morais. Sentem-se "responsáveis" por aquilo que fazem. Mas, quando passam a pertencer a um grupo, a razão é silenciada pelas emoções coletivas. Indivíduos que, isoladamente, são incapazes de fazer mal a uma borboleta, se incorporados a um grupo, tornam-se capazes dos atos mais cruéis. Participam de linchamentos, são capazes de pôr fogo num indígena adormecido e de jogar uma bomba no meio da torcida do time rival. Indivíduos são seres morais.

Mas o povo não é moral. O povo é uma prostituta que se vende a preço baixo. Meu amigo Lisâneas Maciel, no meio de uma campanha eleitoral, me dizia que estava difícil porque o outro candidato a deputado comprava os votos do povo por franguinhos da Sadia. E a democracia se faz com os votos do povo...

Seria maravilhoso se o povo agisse de forma racional, segundo a verdade e segundo os interesses da coletividade. É sobre esse pressuposto que se constrói o ideal da democracia. Mas uma das características do povo é a facilidade com que ele é enganado. O povo é movido pelo poder das imagens, e não pelo poder da razão. Quem decide as eleições – e a democracia – são os produtores de imagens. Os votos, nas eleições, dizem quem é o artista que produz as imagens mais sedutoras.

O povo não pensa. Somente os indivíduos pensam. Mas o povo detesta os indivíduos que se recusam a ser assimilados à coletividade. Uma coisa é o ideal democrático, que eu amo. Outra coisa são as práticas de engano pelas quais o povo é seduzido. O povo é a massa de manobra sobre a qual os espertos trabalham. Nem Freud, nem Nietzsche, nem Jesus Cristo confiavam no povo. Jesus Cristo foi crucificado pelo voto popular, que elegeu Barrabás. Durante a Revolução Cultural na China de Mao Tsé-Tung, o povo queimava violinos em nome da verdade proletária. Não sei que outras coisas o povo é capaz de queimar. O nazismo era um movimento popular. O povo alemão amava o *Führer*. O mais famoso dos automóveis foi criado pelo governo alemão para o povo: o Volkswagen. *Volk*, em alemão, quer dizer "povo"...

O povo unido jamais será vencido! Tenho vários gostos que não são populares. Alguns já me acusaram de gostos aristocráticos. Mas... que posso fazer? Gosto de Bach, de Brahms, de Fernando Pessoa, de Nietzsche, de Saramago, de silêncio, não gosto de churrasco, não gosto de *rock*, não gosto de música sertaneja, não gosto de futebol (tive a desgraça de viajar por duas vezes, de avião, com um time de futebol...). Tenho medo de que, num eventual triunfo do gosto do povo, eu venha a ser obrigado a queimar os meus gostos e a engolir sapos e a brincar de "boca de forno", à semelhança do que aconteceu na China.

De vez em quando, raramente, o povo fica bonito. Mas, para que esse acontecimento raro aconteça, é preciso que um poeta entoe uma canção e o povo escute: "Caminhando e cantando e seguindo a canção..."

Isso é tarefa para os artistas e educadores. O povo que amo não é uma realidade. É uma esperança.

OS GÊNIOS DA GARRAFA

Para que a ideia da democracia nascesse, foi preciso que os homens deixassem de acreditar em Deus – quem acredita conhecer os pensamentos de Deus não precisa perder tempo tentando conhecer o pensamento dos homens. Foi o caso da Igreja Católica medieval, que, julgando-se depositária da revelação da vontade de Deus, tratou de estabelecer uma teocracia em que a opinião do povão não contava. E é também o caso dos ditadores, que, por acreditar que seus pensamentos são idênticos aos pensamentos de Deus, governam sem se importar com o que o povo pensa.

Mas, quando os homens desconfiaram que o Grande Rei que punha ordem na casa havia sido deposto, não tiveram alternativa: tiveram de inventar uma ordem política mais modesta, humana, já que a divina lhes havia sido roubada. Assim nasceu a ideia da democracia como um contrato provisório de convivência que os homens celebram entre si.

Polya, matemático húngaro, escreveu um delicioso livrinho sobre *A arte de resolver problemas*. Logo no primeiro parágrafo ele enuncia a regra básica: "Comece pelo fim". Esse conselho parece absurdo ao senso comum, que pensa que temos de começar pelo começo. No entanto ele é verdadeiro e serve para tudo. Por exemplo, a construção de uma casa. Antes de cavar alicerces e levantar paredes, é preciso que a casa esteja presente, na imaginação, como produto acabado. Os arquitetos são aqueles que descrevem o fim, a casa pronta.

Assim é também na construção de uma ordem política – a Grande Casa onde se encontram nossas muitas pequenas casas. Os partidos estão para a Grande Casa da mesma forma como os arquitetos estão para nossas pequenas casas.

Ninguém que vá construir uma casa aprova o primeiro projeto sem examinar outros. É preciso examinar e comparar antes de dizer: "Este é o projeto que aprovo!" A mesma coisa vale para a Grande Casa. Na ideia da democracia os partidos são empresas de arquitetura que apresentam projetos diferentes da Grande Casa. O que está em jogo, substância do contrato social a ser selado, é o projeto da Grande Casa, o espaço político em que vamos viver.

Imagine uma pessoa que, planejando construir uma casa e não querendo se dar ao trabalho de analisar racionalmente os diferentes projetos, toma uma decisão curiosa: pede que os arquitetos lhe enviem fotografias. Entrega-se, então, a um estranho método de decisão. Em vez de examinar os projetos arquitetonicamente, faz sua escolha com base na fotografia do arquiteto. Claro que qualquer pessoa em são juízo dirá que isso é doideira. A mesma coisa vale para a política: o que está em jogo é o projeto da Grande Casa e não a imagem do arquiteto. O voto é para ser dado ao projeto. O candidato é apenas um representante do projeto escolhido.

A democracia, assim, é uma ideia simples, que depende de dois pressupostos. Primeiro, que os cidadãos estejam de acordo acerca das regras do jogo. Segundo, que eles sejam seres racionais e tomem suas decisões tendo em vista o bem daqueles que vão morar na Grande Casa.

Há um fato, entretanto, que tornou esse sonho de democracia irrealizável: não é verdade que os homens ajam racionalmente. Os eleitores não votam em função de razões, evidências e informações. Eles votam movidos pela sedução das "imagens": escolhem o projeto pela "imagem" do arquiteto. A política não acontece no campo da razão, mas no campo da estética. Maquiavel percebeu isso com clareza. Argumentando se, para o príncipe, o fundamental era "ser justo" ou "parecer justo", ele concluiu que, politicamente, o que importa é *parecer justo*. O "parecer" define o campo da imagem. Os homens reagem não à verdade, mas à imagem. Política é um jogo de sedução amorosa. Acho que Maquiavel, se estivesse escrevendo hoje, não daria tanta atenção ao "parecer justo". Justiça é uma questão ética. Mas nada indica que o povo obedeça aos imperativos da ética. Ao contrário, o povo se deixa levar pelas seduções da estética. São as imagens, e não as razões, que fazem a política.

84 | CONVERSAS SOBRE POLÍTICA

A maioria dos votos determina o projeto da Grande Casa. Mas é fato que os votos não são determinados pela razão dos cidadãos. Quem os determina? Por detrás dos votos dos eleitores está uma força gigantesca, maior que a força dos partidos: as empresas especializadas na "produção das imagens". O resultado das eleições, hoje, é um produto da esperteza dessas empresas que sabem a arte de seduzir o eleitor pela estética da imagem.

A missão dos gênios que moram em garrafas é satisfazer a vontade de seus donos, sem jamais contrariá-los. Os gênios são entidades cheias de poder e vazias de escrúpulos. As empresas produtoras de imagens, hoje, são os gênios da política. São eles que produzem aquilo a que damos o nome de "eleição democrática".

Que linda ideia, a democracia! Pena que os gênios a tenham assassinado. Morreu, como o Grande Rei...

REQUIÉM PARA UM JARDIM

Ah! meu jardim, jardim com que sonhei, minhas netas voando nos balanços, o barulho das fontes misturado ao canto dos pássaros, jardim sonhado pelos poetas e profetas... O que foi que lhe fizeram? Seus muros estão derrubados. Por todas as partes se ouve o rosnar dos lobos e das hienas. E não mais se ouvem os risos das crianças. Os balanços estão abandonados. Os namorados já não passeiam de mãos dadas pelas praças. E os adultos, por medo, se transformaram em toupeiras – refugiaram-se em buracos fortificados a que deram o nome de condomínios, inutilmente...

Jardim é coisa frágil. Não existe naturalmente. A natureza, em si, é bruta e insensível. São os sonhos e o trabalho dos homens que a transformam em jardim e a tornam bela e amiga.

86 | CONVERSAS SOBRE POLÍTICA

Essa é a razão por que os jardins são cercados por muros. Os muros separam a vida da morte, a beleza do horrendo. Do lado de fora ficam as feras, os salteadores, os criminosos. Eles não amam os jardins. O que desejam é saquear os jardins. São emissários do mundo das trevas. Por isso não são humanos. Porque a marca dos seres humanos é o amor aos jardins. Foi assim que Deus nos criou, para que fôssemos jardineiros. Eles têm a aparência de humanos, mas não são. Ser humano é amar os jardins. Por isso eles não têm aquilo a que se deu o nome de "direitos humanos". Os direitos humanos foram criados para proteger a vida frágil que vive nos jardins: "Bem-aventurados os mansos". Por isso, porque eles não são humanos, os direitos humanos não podem ser invocados para proteger os saqueadores de jardins.

Para os que não entendem a linguagem da poesia, eu explico. O jardim é uma metáfora da sociedade: é a sua grande utopia, a estrela inatingível que indica a direção. Por vocação divina os homens devem ser jardineiros. E o objetivo da vida é construir jardins. O Estado é a instituição criada pelos jardineiros para proteger o jardim. O Estado não planta jardins. Ele existe para criar um espaço seguro para que os cidadãos-jardineiros possam plantar o jardim. Os jardineiros têm uma missão de amor. Por isso são fracos. Mas o Estado tem uma missão de força. Por isso ele tem de ser forte. É preciso ser forte para deter a morte.

Para deter a morte, o Estado constrói os muros. Os muros são as leis que dizem "não" à morte. Mas, sozinhas, as leis são fracas. É fácil pular os muros. Por isso o Estado cria "guardas do jardim". A função dos guardas do jardim é dar força às leis, garantir que ninguém pulará os muros. Os jardineiros usam pás e enxadas, instrumentos de vida. Os guardas do jardim carregam armas, instrumentos de morte. Por vezes é preciso matar para proteger a vida.

Os guardas do jardim são de dois tipos: há os guardas que vigiam e punem os inimigos de dentro e há os guardas que vigiam e punem os inimigos de fora: a polícia e as forças armadas.

Houve um tempo em que os guardas do jardim farejaram no ar que o nosso jardim estava sendo ameaçado por forças estranhas. A essas forças eles deram o nome de "subversivos". Os ditos subversivos não eram saqueadores de jardins. O que eles queriam era substituir o jardim que existia por um outro jardim que, em seus sonhos, seria mais justo e mais bonito. Em outras palavras: desejavam substituir a ordem social existente por uma outra. Daí o nome de subversivos. Subversão é destruir um Estado para pôr outro no lugar. Subversão, assim, é uma questão de "segurança nacional". Os guardas do jardim, tanto os de dentro quanto os de fora, se organizaram e, de maneira sistemática, científica e implacável, se lançaram à caça dos subversivos onde quer que se encontrassem – nas cidades, nas florestas, nas montanhas. E a sua ação foi eficaz. Os ditos subversivos foram liquidados. Isso significa que, havendo vontade, os guardas do jardim podem proteger o jardim.

A situação mudou. Agora não é ameaça: é fato. Os saqueadores derrubam muros, invadem o jardim, roubam, intimidam, sequestram, assassinam, ocupam territórios a seu bel-prazer, fazem tráfico de drogas, comerciam com países do exterior, enriquecem, impunemente. Sem medo, porque sabem que os guardas nada farão. E sabem que as prisões não os deterão. Delas saem quando querem, abertamente, à luz do dia. Se, como diz Weber, o Estado é a instituição que detém o monopólio do uso legítimo da violência sobre um determinado território, é forçoso concluir que o Estado brasileiro deixou de existir. Sua espada é inútil. Está castrado. Os criminosos o castraram. Assim, a subversão se consumou. Hoje, quem detém o monopólio da violência são os criminosos. O uso da violência pelos criminosos é efetivo. Mas o uso da violência pelo Estado é apenas ritual. Foi-se a segurança nacional. Quem se sente seguro? Ninguém. Somos um rebanho sem pastor, indefeso.

Há algo que me intriga: Por que os guardas do jardim foram tão eficientes há trinta anos e são tão ineficientes agora? A resposta é simples: bons negócios. Não se podiam fazer bons negócios com os subversivos de então, porque a única mercadoria de que dispunham eram suas ideias. Mas ideias não valem nada. Com elas não se fazem bons negócios. A perseguição se resolvia, então, com a morte. A situação agora é diferente. Com os criminosos há muitos bons negócios a ser realizados. Negócios que são infinitamente mais lucrativos que o modesto salário de guarda de jardim... Essa é a razão por que é essencial que eles, criminosos, sejam protegidos e mantidos soltos. Com eles vivos e soltos, os bons negócios prosperam...

ENTRE O RUIM E O HORRENDO

DIZ A PSICANÁLISE QUE, QUANDO UM IMPULSO CONSCIENTE É PROIBIDO DE SE expressar e reprimido, ele não desaparece. A agência repressora, o superego, não tem poder para matá-lo. Pode proibir sua aparição pública, mas não consegue destruí-lo. O que acontece, então, com os impulsos proibidos? Eles passam a existir na clandestinidade. E é desse lugar clandestino, invisível, que eles burlam as ordens do superego e fazem seus ataques.

As leis da vida social são idênticas. Quando algum impulso se manifesta como lesivo à sociedade, uma instância repressora, a lei, determina que ele seja banido. Mas, tal como acontece com a alma, os impulsos sociais reprimidos não deixam de existir. Simplesmente assumem um novo tipo de existência: tornam-se igualmente clandestinos. E, protegidos pela clandestinidade, burlam a lei e fazem seus ataques.

No dia 16 de janeiro de 1919 foi aprovada, pelo Congresso dos Estados Unidos, uma lei que proibia a fabricação, a distribuição e o consumo de bebidas alcoólicas. Essa lei foi o resultado de um longo processo de análise dos efeitos destrutivos do álcool sobre a vida social. Havia, em primeiro lugar, a condenação vinda da tradição religiosa puritana, para a qual a bebida e a embriaguez eram obra do Demônio. Havia, em seguida, os fatos sobre os efeitos da bebida: alcoolismo, incapacidade para o trabalho, crimes, doenças. Era óbvio que a sociedade seria beneficiada se as bebidas alcoólicas fossem banidas. As pessoas se tornariam mais racionais, agiriam na posse plena de suas faculdades mentais, teriam condições para controlar seus impulsos destruidores e a vida social melhoraria. Sem álcool haveria mais progresso e mais harmonia. Aprovou-se, assim, a Lei Seca, e tomaram-se as providências para que ela fosse cumprida. Os Estados Unidos seriam um país sóbrio.

Mas o resultado da Lei Seca foi o oposto do que os bem-intencionados legisladores dos Estados Unidos haviam imaginado. Sua intenção consciente foi abortada pela simples razão de que um mercado não pode ser abolido pela força de uma lei. Na clandestinidade, o mercado de bebidas alcoólicas floresceu e criou um monstro que os legisladores jamais haviam imaginado: um império gigantesco de dinheiro, crimes, corrupção, que se infiltrava em todos os setores da vida pública, tornando-se um verdadeiro Estado dentro do Estado. Foi o período áureo da máfia.

Comentando esse fato, o sociólogo Robert K. Merton observou: "Quando a reforma política se restringe à tarefa de 'pegar os bandidos', ela não passa de um ritual mágico". Realidades não são abolidas com proibições. As proibições apenas deslocam seus lugares. Se as demandas existem, não é possível eliminá-las por meio de uma lei. Existindo demandas, elas encontrarão formas de ser satisfeitas. Em 5 de dezembro de 1933, a Lei Seca foi abolida. Os legisladores aprenderam a lição: o livre comércio de bebidas, por danoso que fosse, era incomparavelmente menos danoso do que o que acontece quando ele é reprimido.

Os legisladores norte-americanos pensavam que estavam decidindo entre o bem e o mal: bebida alcoólica é mal, abstinência é bem. Assim, por meio de um decreto, eliminariam o mal e estabeleceriam o bem. Infelizmente essa alternativa não existe. Frequentemente as decisões a ser tomadas nos colocam diante das alternativas ruim e horrendo. Estamos, assim, diante da seguinte situação:

As drogas existem, e há para elas um mercado imenso que movimenta milhões ou bilhões de dólares.

Não é possível eliminar esse mercado. Primeiro, pela demanda. Segundo, pelo dinheiro em jogo.

Encontramo-nos diante de duas alternativas. Primeira: as drogas simplesmente liberadas, com todos os seus males, à semelhança do que acontece com bebidas alcoólicas e cigarros. Segunda: as drogas e seu mercado proibidos legalmente, mas existindo na clandestinidade, com todas as suas florações de crime e corrupção. A primeira alternativa é muito ruim. A segunda é horrenda.

Se é verdade que o mercado das drogas não pode ser eliminado por meio de repressão, é verdade que as

92 | CONVERSAS SOBRE POLÍTICA

consequências de sua proibição podem. Basta que elas sejam tiradas da clandestinidade. Concluo, assim, que os males da liberalização das drogas são menores que os de sua proibição.

Não gosto dessa conclusão. Mas sou obrigado a considerá-la. Sei que ela faz estremecer muitas pessoas. Mas tais pessoas deveriam considerar o que acontece com a produção e o comércio livre de bebidas e fumo. Não tenho dados estatísticos. Mas tenho a impressão de que, quantitativamente, os danos da bebida, no Brasil, em termos de crimes, violência, desastres automobilísticos, doenças, são maiores que os danos das drogas. O fumo é também droga mortal. Só que seus efeitos são retardados e ninguém leva a sério as advertências do Ministério da Saúde. As drogas, liberadas, são um mal pessoal, médico, psicológico. Não liberadas, são um mal pessoal, médico, psicológico, acrescido do crime e da corrupção da vida pública.

Adolescentes foram pegos fumando um baseado. Conduzidos à delegacia, levaram uns tapas no rosto. Seus pais foram chamados. A proposta desavergonhada dos policiais: ou pagam cinco mil reais ou os filhos serão enquadrados na lei. Todos os pais pagaram. Por que não denunciaram? Porque a denúncia equivaleria a uma confissão do "crime" do filho. Não me agrada a ideia de jovens como "reféns" permanentes dos policiais. Esse foi um incidente mínimo cotidiano, rotineiro, um pingo-d'água no oceano de corrupção criado pela proibição das drogas.

CONSTRUIR POVOS

NÃO ME RECORDO DE NENHUMA OBRA QUE GANDHI TENHA INAUGURADO. MAS ME lembro bem de outros gestos seus. Como uma longa caminhada que fez rumo ao mar, quando tinha 61 anos. Mais de quatrocentos quilômetros, 24 dias, dezoito quilômetros por dia. Para quê? A Inglaterra, potência colonial dominadora, proibira que os indianos possuíssem qualquer sal que não lhes tivesse sido vendido pelo monopólio governamental inglês. Gandhi resolveu caminhar até o mar para ali transgredir a vontade dos dominadores: tomar nas mãos o sal que o mar e o sol haviam colocado sobre as rochas. Gesto mínimo, fraco, que não seria marcado por nenhuma fita cortada e nenhuma placa de bronze. Há situações em que a quebra da lei é a única forma de se ser íntegro. Bem que poderia ter ido em lombo de animal ou em vagão de trem. Seria mais rápido, mais cômodo. Os políticos que se prezam têm horror a lentidão. Por isso se concedem atributos divinos de onipresença: agora estão aqui, mas num abrir de olhos estão ali. Voam pelos espaços para se fazer ver e inaugurar... Gandhi pensava diferente. Sabia que a vida cresce devagar. "Mundos melhores não se fazem; eles nascem..." (E. E. Cummings).

Não queria inaugurar coisa alguma. Queria gerar um povo. E isso leva tempo, como uma gravidez. Era preciso que a caminhada demorasse, para que as pessoas caminhassem com ele e, com ele, sonhassem. E, enquanto ele ia, crescia, na alma do seu povo, o sonho...

Também não me recordo de nenhuma obra que Martin Luther King Jr. tenha inaugurado. Mas me lembro de seu rosto sereno por fora, amedrontado por dentro. Quem não teria medo do ódio dos brancos? Marchava de mãos vazias, mãos dadas e, qual num poema, seu refrão se repetia: "Eu tenho um sonho". Queria também gerar um povo e sabia que um povo acontece quando as pessoas se dão as mãos, em busca de um sonho comum. "Eu tenho um sonho." Era o sonho de um povo que se formava, lagarta que saía do casulo, para voar como borboleta. Eram palavras mágicas que evocavam esperanças esquecidas e invocavam utopias de um mundo novo. Não inaugurou obras. Pois sabia que, antes delas, é preciso que haja um povo.

Pensei, então, que há dois tipos de políticos:

- os que se oferecem aos olhos do povo;
- e os que oferecem novos olhos ao povo.

Os primeiros ficam cada vez mais visíveis. Suas imagens produzidas-polidas-ensaiadas aparecem nos jornais, nos cartazes, na TV e, como a madrasta da *Branca de Neve*, não se cansam de perguntar: "Espelho, espelho meu, haverá neste país político mais bonito que eu?" E fazem promessas, e inauguram obras, e se proclamam como aqueles que têm o poder de transformar os desejos do povo em realidade. "Tudo isto será teu", disse o Diabo ao Filho de Deus, "se prostrado me adorares..." E assim, pela sedução das coisas que se dão, as pessoas se vendem por um preço baixo. Como na história bíblica, troca-se a dignidade de se ser filho por um prato de ervilhas. E o povo, então, fica fraco, pedinte, agradecido. Em resumo: eleitorado fiel.

Mas os líderes que inauguram povos são de outro tipo. Vão ficando, progressivamente, invisíveis. Como na tela de Salvador Dalí, *A última ceia*. O cenário é vítreo e se abre para as montanhas, para os mares, para o futuro. O próprio Filho de Deus está em vias de desaparecer, transparente, para que através de sua invisibilidade o mundo inteiro possa ser visto. Assim são os líderes que inauguram povos. Sabem que o que importa não é que sejam vistos pelo povo, mas que o povo possa ter um mundo novo através deles. Não se preocupam com a admiração narcísica de sua imagem. Mas desejam muito que o povo aprenda a admirar horizontes novos para onde caminhar.

Mas os inauguradores de obras, por não sonharem os sonhos do povo, em cada obra que inauguram, inauguram-se a si mesmos – e tratam de gravar-se em placas de metal pois sabem que, se não fosse o bronze, seriam logo esquecidos.

Tento descobrir transparências nos rostos políticos. Pergunto-me sobre os sonhos que eles me fazem sonhar. Mas só tenho pesadelos: rostos opacos que obstruem horizontes.

E assim, fico à espera: quando o rosto, e o corpo, e os gestos, e as cicatrizes de batalhas passadas me fizerem sorrir, sentirei que posso confiar. Por quanto tempo esperarei? Não sei...

LIÇÃO DE POLÍTICA

Pastava uma plácida vaquinha por campos verdejantes, feliz da vida pelo capim que comia; quanto mais comia, mais engordava, era capim demais para uma vaca só...

Voava por ali uma mosca-varejeira que, ao ver a gorda vaquinha, pensou: "Que carne macia para nela botar meus ovos..." E ligeirinha se aproximou.

Mas a vaca, sabedora das manhas da varejeira, espantou-a logo com uma rabada vigorosa. A varejeira, vendo baldados seus esforços, resolveu adotar uma abordagem diferente. Psicológica. Flutuou, então, voante, diante do focinho da vaca e começou uma conversa mole.

– Como a senhora é grande, dona Vaca! Merece mais espaço do que tem. Eu, mosca minúscula, ando por todos os lados e não há cerca que me detenha. A senhora vê aquele gordo pasto além da cerca? É muito melhor que este aqui.

E com essas palavras foi e voltou como um raio, para provar o seu ponto.

– Acho que a senhora, pelo seu tamanho e utilidade, tinha de ter este direito que eu tenho: o direito de voar e saltar sobre as cercas. Se a senhora se sente feliz com o capim deste pastinho, quão mais feliz se sentirá se puder pastar por todos os pastos que há...

A vaca, picada pelas palavras da mosca, lhe perguntou:

– Mas o que é que posso fazer?

– Eu posso ajudá-la – a varejeira afirmou. – Basta que eu bote meus ovos nas suas costas. De cada ovo nascerão duas asas e, em breve, a senhora terá milhares de asas com que voar...

– Por favor – disse a burra e democrática vaquinha –, bote seus ovos em minhas costas. – E, com essas palavras, enfiou o rabo no meio das pernas.

A varejeira começou o seu trabalho enquanto a vaca lhe dizia:

– Bote mais um, por favor...

Dentro em breve, as costas da vaca estavam cobertas de calombos. Cresciam os bernes lá dentro, bebiam o seu sangue e a atormentavam com ferroadas.

– Está doendo, dona Varejeira – reclamava a vaca.

– A senhora já viu parto sem dor? São as 9.555 asas que estão nascendo...

A vaca emagrecia.

– Estou ficando fraca, dona Varejeira.

– Mas, depois que tiver asas, comerá de muitos pastos e ficará forte como um touro – a varejeira retrucava.

* * *

A fábula, já nossa conhecida, interrompe-se aqui, como o penúltimo capítulo de fita em série. A vaca voará? Continuará burra, acreditando na varejeira? Será comida pelos bernes?

A vaca é o país. Os bernes são os políticos.

Lição número 1: bernes não sonham sonhos de vaca. Bernes só sonham sonhos de berne. Sonho de berne é comer a vaca. A vaca está condenada a ficar cada vez mais magra. Terminará por morrer de anemia.

Lição número 2: é inútil dar fortificantes para a vaca enquanto os bernes estiverem nas suas costas. Fortificantes para as áreas econômica, de saúde e educação são paliativos enquanto dali não forem extraídos os bernes políticos. Os problemas que aí existem são consequências diretas da ação dos bernes, que pouco se importam com a saúde da vaca.

Lição número 3: vaca com berne só pensa em berne. As ferroadas não lhe deixam nem pensar nem gozar as coisas boas da vida.

Assim nós... Já nem sabemos conversar... Abrimos os jornais diariamente, e o costume já é procurar as fezes da classe política. É sobre elas que falamos todo dia, toda hora! Talvez este seja o maior crime que se cometeu contra o povo: roubaram-nos a capacidade de pensar bonito.

100 | CONVERSAS SOBRE POLÍTICA

Quarta lição: berne só sai da vaca espremido...

Da mesma forma como não se pode esperar que os bernes saiam das costas da vaca por vontade própria, não se pode esperar que a classe política se regenere. O lema de "ética na política" é tão irrealista quanto o lema de bernes vegetarianos. Alguém deverá espremer os bernes.

O que estou dizendo já foi dito por Guimarães Rosa, por Albert Camus, por Hermann Hesse, que afirmava que a sabedoria política, hoje em dia, não se acha onde se encontra o poder político. Urge que toda uma corrente de inteligência e de intuição irrompa das camadas não oficiais, quando se trata de impedir as catástrofes ou de atenuar-lhes os efeitos.

A esperança para a política virá dos que não são políticos profissionais: não militam em partidos, não se candidatam, não ganham com seus cargos, não gozam de mordomias; estão fora dos círculos de poder onde se decidem as maracutaias para engordar bernes e emagrecer a vaca...

Sonho com uma política a ser feita por aqueles que nada desejam ganhar, a não ser a alegria de contribuir para diminuir o sofrimento do povo.

Dirão que sou sonhador. Mas, como estou escrevendo na manhã em que se proclama que a vida ressuscita do meio da morte, sinto-me no direito de pensar o impossível...

SOBRE PEIXES E POLÍTICA

TIVE UM AQUÁRIO NO MEU ESCRITÓRIO. QUANDO A TENSÃO ERA GRANDE, EU DEIXAva de lado minhas coisas e ficava olhando os peixes que nadavam serenos em meio ao silêncio das plantas. Isso me fazia muito bem. Ficava tranquilo. Muito bonitos eram os tricogásteres (do grego *trics*, "fio de cabelo"; *gaster*, "barriga"), peixes de desenhos rendilhados e um par de longos cabelos saindo do ventre, um de cada lado. Descobri que o casal ia ter filhotes. Fiquei feliz. Mudei os peixes estranhos para outro aquário: pais e filhos não podiam ser perturbados. Nasceram os filhotinhos, incontáveis. Eu me deleitava vendo o seu crescimento, como enchiam o aquário, sob a zelosa proteção do pai, que não se descuidava um só momento. *Peixinhos felizes*, pensei. *Com tais cuidados pater-*

102 | CONVERSAS SOBRE POLÍTICA

nos, é certo que não sofrerão de neuroses ao crescer. E, de fato, não sofreram. Por não terem chegado a crescer. Numa bela manhã, como de costume, fui até o aquário para vê-los. E o que vi foi um pai solitário, com uma enorme barriga. Como a bruxa de João e Maria, ele só esperara que os pobrezinhos engordassem para então devorá-los. Isso aconteceu faz tempo. Estava até esquecido. Lembrei-me em meio a uma leitura de Hobbes, em suas meditações sobre a origem do Estado. Ah, como eram suaves as suas ilusões... Ele mesmo fazia pilhéria sobre a sua origem. Nasceu prematuro, ao que tudo indica por causa do terror de sua mãe ante a iminência da chegada da armada espanhola. "O medo e eu somos irmãos gêmeos", ele dizia. E, de fato, parece que sua teoria política nasceu do medo. Era certo que coisa mais terrível não poderia haver que a "guerra de todos contra todos", em que os homens, em seu estado natural, se engalfinhavam, cada um só pensando no seu próprio interesse e na eliminação dos seus vizinhos. O homem é o lobo do homem: selva, pura selva... Foi então que os homens, cansados de sua loucura e com medo da morte que morava neles, decidiram que era preciso estabelecer alguém como monarca. Somente assim, quando os muitos se subordinassem a um único, haveria possibilidade de ordem e paz. Este "Deus mortal", como Hobbes o denominava, seria o objeto da obediência de seus súditos. E, em troca, ele lhes daria o maior bem que poderiam desejar: a libertação do medo, a proteção contra o caos. Antes severidade e ordem que liberdade e caos. Antes o autoritarismo conservador de De Gaulle que a liberdade incerta da imaginação estudantil de 1968. Quando o caos aparece, sempre aparece também a nostalgia da ditadura benevolente. Para os que têm medo das incertezas da liberdade, a espada tem sempre um efeito embalador...

Hobbes nada sabia sobre o peixe tricogáster. Se o soubesse, suspeitaria que, não raro, os protetores se metamorfoseiam em devoradores. Tudo depende da fome. Foi assim que Cronos engoliu seus filhos.

Imagino o pânico no aquário, uma vez iniciada a refeição. Os peixinhos, se pudessem, teriam fugido.

Inverte-se, assim, o esquema de Hobbes. Se o pai que protege unifica os irmãos, o pai que devora os dispersa, cada um para o seu lado.

A menos que Freud, entre Hobbes e tricogáster, seja aquele que está com a razão. Não, os irmãos não se dispersaram. Eles se uniram. Conspiraram. E concluíram que só seriam irmãos quando juntos matassem o pai. Tema que aparece, sutil, na deliciosa história de *João e o pé de feijão*. No alto das nuvens, o gigante, "Deus mortal", dono da galinha dos ovos de ouro, fonte de riqueza inesgotável (suficiente mesmo para construir ferrovias) e dono da harpa encantada, segredo da felicidade. João rouba os bens do gigante e corta o talo do feijão mágico. Entre nós: não é possível que alguém esteja em altura tão grande por artimanhas de um simples pé de feijão. E João e sua mãe, com os irmãos da lenda freudiana, puderam juntos iniciar a construção de uma felicidade maior sobre a terra...

E democracia não será precisamente isto: quando os irmãos se reconhecem órfãos e tomam sobre os ombros a tarefa de organizar seu mundo? Pais, por benevolentes que sejam, acabam por devorar seus filhos quando a fome aperta.

ESPERANÇA

ALGUNS AMIGOS FICARAM PREOCUPADOS COMIGO. PENSARAM QUE EU ESTAVA DEPRImido. Isso porque, numa de minhas crônicas, eu escrevi que havia perdido a esperança. E escolhi, para exprimir o que estava sentindo, aquele verso terrível de Álvaro de Campos em que ele se refere à "luxúria única de não ter já esperanças". Meus amigos concluíram que eu estava com a alma doente, deprimida, precisando, talvez, do auxílio de um psiquiatra...

Tranquilizem-se. De fato, perdi as esperanças. Mas não por ter ficado deprimido. Perdi as esperanças no momento em que me decidi a acreditar naquilo que os meus olhos têm estado a me dizer pela vida afora.

A perda da esperança pode ser uma manifestação de lucidez. O próprio Álvaro de Campos, sem modéstia alguma, ligava a perda da esperança à inteligência: "Sou inteligente: eis tudo".

Tenho visto muito e entendido muito o que tenho visto.

E se alguém, por acaso, viesse a pensar que perder a esperança equivale a viver num mundo de brumas e sombras, ele tratou de desfazer o equívoco: gozava, acima de tudo, de uma transparência lúcida do entendimento retrospectivo...

Poucos se dão conta de que, por vezes, é preciso perder as esperanças a fim de voltar a viver. Perder a esperança é ter a coragem para reconhecer que o que está morto realmente morreu. E, com os mortos, só existe uma coisa a ser feita: que sejam enterrados. Enquanto os mortos não são enterrados, a vida fica paralisada, à espera. Uma vez enterrados, perdidas as ilusões, voltamos dos cemitérios para a vida. É preciso que os mortos sejam enterrados para que os vivos tenham permissão de viver.

Perdi a esperança: enterrei a política oficial, essa dos partidos, dos comícios, das carreatas, das promessas, do "tudo isso te darei se votares em mim".

Maquiavel, o grande mestre da sagacidade política, ajudou-me em minha decisão. Meu nariz já me havia informado do cheiro insuportável no ar. Mas foi o filósofo que me lembrou que esse cheiro é essencial à política – e não há desodorante que o cure. Percebi isso ao ler uma das reflexões que ele faz para instrução do príncipe. Ele pergunta se, para o príncipe, o mais importante é ser virtuoso ou parecer ser virtuoso. E à sua pergunta segue-se a resposta surpreendentemente lúcida e cínica: "No jogo do poder o que importa não é ser, mas parecer ser...".

Política é caçada. Políticos são caçadores cuja presa é o poder. Mas todo caçador sabe que o segredo da caçada depende da capacidade de ocultar, dissimular, enganar. Põe,

106 | CONVERSAS SOBRE POLÍTICA

nas armadilhas escondidas, as iscas mais apetitosas. Se a caça ingênua se deixar enganar, o caçador terá um troféu a exibir... Preparam-se as armadilhas... Jogam-se as iscas: todos, sem exceção, são iguais em seu discurso – falam as mesmas coisas, as que são sempre faladas...

Foi esse cheiro de engano, essencial à caçada do poder, que perturba meu nariz e revolve meu estômago, que me convenceu de que algo estava em decomposição. E, se algo está apodrecendo, passou a hora da esperança e chegou a hora do enterro.

Guimarães Rosa era de opinião semelhante e declarou que "jamais poderia ser político com toda esta charlatanice da realidade".

Mas o que é um charlatão? Não é um enganador, um embusteiro?

"O curioso [ele continua] é que os políticos estão sempre falando de lógica, razão, realidade e outras coisas do gênero e ao mesmo tempo vão praticando os atos mais irracionais que se possam imaginar. [...] O político pensa apenas em minutos. Sou escritor e penso em eternidades..."

A conclusão me parece inevitável: não é razoável ter esperanças de que, de tais cisternas de água suja, água limpa, boa de beber, venha a correr...

Tranquilizem-se os meus amigos. Não estou deprimido – o que me deprimia era a lenta agonia. Mas agora que enterrei o defunto, passados os dias de luto, estou em paz comigo mesmo e posso dedicar-me às coisas que julgo merecedoras do meu amor. Perdida uma esperança, outra nasce em seu lugar. Como o capim que brota sob a primeira chuva, depois da devastação da queimada...

O PANELAÇO

O FILÓSOFO BACHELARD OBSERVOU QUE "A LEMBRANÇA PURA NÃO TEM DATA. Tem uma estação. É a estação que constitui a marca fundamental das lembranças. Que sol ou que vento fazia nesse dia memorável?"

Compreendi as palavras de Bachelard ao me lembrar daquele dia memorável, que não pode ser esquecido. Era fim de tarde, quando a luz do dia que se vai mistura-se ao escuro da noite que chega e tudo fica indefinido. A indefinição ficava ainda mais indefinida pela chuva fina que começava a cair. Foi então que aconteceu: um barulho surdo, metálico, sem melodia e sem ritmo começou a subir das ruas, dos apartamentos, dos escritórios – barulho que não combinava com o momento. Fiquei assustado, porque não tinha na

108 | CONVERSAS SOBRE POLÍTICA

memória registro de qualquer barulho urbano semelhante àquele que enchia a tarde-noite de São Paulo. Eu estava no quinto andar. Tomei o elevador para o térreo. Queria saber o que estava acontecendo.

Quando saí à rua, o rosto sorridente dos motoristas de táxi me fez lembrar. Cansados, ao fim do dia, eles usam suas buzinas para exprimir sua irritação. E estavam buzinando sem parar, mas sem que houvesse nenhuma razão de tráfego para tal. Suas buzinas não eram irritadas. Buzinavam e sorriam. Pareciam felizes.

Aí me lembrei e entendi. Olhei para cima e vi de onde vinha o barulho metálico: as janelas e varandas dos apartamentos estavam cheias de pessoas que batiam panelas com colheres. O barulho era ensurdecedor e musicalmente lindo... Aquele barulho era o canto de um povo. A chuva caía um pouco mais forte, mas as pessoas que andavam pelas ruas não demonstravam contrariedade. Sorriam com a água a lhes escorrer pelo rosto. Era o panelaço: uma cidade sem armas que buzinava e batia tampas e panelas para derrotar um exército armado, à semelhança do ocorrido na cidade de Jericó, cujas muralhas caíram pelo som das trombetas.

Chorei e disse a mim mesmo: "É muito bonito! Uma história para ser contada e repetida! As crianças precisam saber..." E foi ali que se formou em minha imaginação a história *O flautista mágico*, que depois escrevi.

Olhando para nossos sólidos representantes no Congresso, um escorando o outro, fica claro que a maioria deles não está disposta a trocar seu *menu* de costeletas, lombos e linguiças por uma modesta dieta vegetariana de alface e cenoura. Numa alusão ao filme do Hitchcock, eu disse que era preciso chamar os pássaros... Eles só sairão do castelo de impunidade em que se encontram se os pássaros ameaçarem furar seus olhos.

Pássaros fomos nós, naquela tarde do panelaço contra a ditadura. Pássaros poderemos ser nós, agora...

Recebi há pouco, via Internet, a convocação dos pássaros, um manifesto do qual vou citar alguns trechos.

"Esta é a hora: 7 de setembro às dezessete horas! [...] No dia 7 de setembro, às dezessete horas, vamos paralisar o Brasil. Às dezessete horas vamos promover um panelaço! Exija que as redes de televisão, rádios, jornais, revistas e políticos de sua confiança divulguem o movimento. Mobilize sua escola, seu sindicato, sua igreja, seus amigos. No dia 7 de setembro, às dezessete horas, estenda na janela uma bandeira, uma toalha, um pano qualquer! Bata panelas! Toque cornetas! Se estiver no carro, buzine! Vamos fazer a nação tremer por um minuto! As hienas e os gambás fugirão dos pássaros!"

Eu vou buzinar, vou tocar sino, vou bater tampa e panela, estender bandeira, tocar a *Nona sinfonia*... Ninguém vai poder dizer que eu morri sem espernear.

P.S.: Buzinei, toquei sino, bati tampa de panela – acho que fui o único...

A PUREZA DOS QUE VÃO MORRER...

TODO MUNDO FALA NO POVO. MAS QUEM SABE O QUE É UM POVO? SANTO AGOS-tinho sabia. Disse ele: "Um povo é um conjunto de pesso-as racionais unidas por um mesmo sonho". Idos os sonhos, o povo se desfaz, e as pessoas retornam à triste condição de "cada um por si", a guerra de todos contra todos, os fortes devorando os fracos.

Não sei se o Chico leu Santo Agostinho. Mas o fato é que ele o transformou em canção, e todo mundo cantou *A banda*. Tudo começa com "cada um na sua", o homem sério conta dinheiro, o faroleiro conta vantagem, a namorada conta as estrelas, o velho fraco reclama do cansaço...

Mas então vem uma coisa que ninguém esperava e que muda tudo: uma banda falando coisas de amor. E cada um abandona seu pequeno sonho e marcha alegre atrás do grande sonho da banda. Quando o sonho é grande, todo mundo vai atrás dele.

Que eu me lembre, houve apenas três ocasiões em nosso passado recente em que o povo apareceu. Primeiro, foi por ocasião das Diretas Já. Havia um rosto que representava o sonho do povo, o do senador Teotônio Vilela, também conhecido como o Menestrel das Alagoas. E ele estava mortalmente enfermo, todo mundo sabia. Suas aparições eram despedidas. Aqueles que vão morrer são misteriosamente cobertos, talvez por ação de algum anjo, com a capa branca da pureza. E o povo amou, acreditou e seguiu.

Depois, novamente, pelo poder de um moribundo. Ele seria o primeiro presidente depois da ditadura. Mas antes que assumisse o cargo, a morte o tocou. E o Brasil inteiro chorou. Não, não creio que tenha chorado pela pessoa. Naqueles últimos dias de agonia, Tancredo Neves deixara de ser uma pessoa. Os portadores de esperança diante da morte se transformam em mitos. E aquilo me comoveu tanto que eu disse a mim mesmo: "Isso não pode ser esquecido". E escrevi uma história para crianças, *O flautista mágico*, que, pela beleza da música que tocava com sua flauta, fazia nascer flores e árvores onde houvera prisões e medo.

Aí foi a vez do projeto Funaro. Não deu certo. Mas o povo apareceu tomado por um mesmo sonho. Nem sei direito qual era o sonho. Mas sei que ele também havia sido tocado pela morte. Aquele que foi tocado pela morte está livre de todas as tentações do poder. Ele não pretendia nada para si, porque seu tempo era curto. Aí o povo saiu, fascinado pelo rosto daquele homem que estava de partida. Os que vão morrer são dignos de confiança.

Não vou computar realizações para escolher em quem votar. Não acredito nessa contabilidade. Houve mesmo um tempo no Brasil em que se dizia a favor de um candidato: "Rouba, mas faz". A realização justificava a trapaça. O que eu quero é um candidato que seja capaz de fazer as pessoas sonharem, um candidato cujo rosto irradie a pureza dos que vão morrer. Para que o povo ressuscite dos mortos.

SOBRE A EDUCAÇÃO

Política é quando as palavras rolam. E, quando rolam as palavras, vem a confusão de línguas. Acho que foi isso que aconteceu na Torre de Babel.

Jonathan Swift, autor do livro *As viagens de Gulliver*, relata que o navegante, visitando a cidade de Lagado, onde havia muitas universidades, surpreendeu-se com uma proposta dos PhDs. do departamento de linguística. Convencidos de que as palavras se referem a coisas, e que elas, as palavras, são fonte de confusão, a confusão acabaria se, em vez de fazer uso de palavras, os homens fizessem uso das coisas a que elas se referem.

Relatou que era frequente encontrar pessoas caminhando pelas ruas arrastando sacos enormes nos quais levavam as coisas sobre as quais eventualmente conversariam. Ao encontrar um amigo paravam, abriam seus sacos e conversavam sem palavras, mostrando as coisas. Infelizmente o projeto fracassou, porque há objetos como cavalos, casas e navios que não podem ser levados em sacos. Sobra a intuição fundamental de que as palavras são fonte de desentendimento...

Todos os candidatos usaram muito uma mesma palavra, "educação". Todos concordam que sem educação não há uma sociedade feliz. Mas estarão dizendo a mesma coisa?

Wittgenstein, filósofo austríaco, passou a vida pensando sobre as palavras. E concluiu que elas são como bolsos, desses que há em paletós e vestidos.

Um bolso é um vazio. Dentro do vazio do bolso muitas coisas diferentes podem ser colocadas. O nome do bolso não importa. O que importa é o que levamos dentro dele. Por isso, ao ver os políticos mostrando seus bolsos com o nome "educação", eu fico angustiado. Não sei o que levam dentro deles.

Recebi um telefonema do *Jornal do Brasil*, faz umas duas semanas. O repórter queria que eu opinasse sobre uma declaração de um dos candidatos à presidência da República. Num evento no Rio de Janeiro, confrontado com a queixa de professores sobre as más condições do ensino médio, ele disse, e prometeu, que, se fosse eleito, o problema seria resolvido, porque ele acrescentaria um ano a mais ao ensino médio.

Depois, faz uma semana, vi a propaganda eleitoral de um partido que propunha uma solução definitiva para a má qualidade da nossa educação. O partido anunciava que, no poder, faria com que os alunos, pelo menos duas vezes por mês, fossem submetidos a provas.

A lógica que frequentemente percebo na fala dos políticos quando falam sobre educação é que uma coisa errada se conserta acrescentando-lhe uma dose extra de ruindade. Alquimia: se se acrescentam fezes a fezes, elas se transformam em ouro.

Você vai com seu motorista em seu carro. De repente, nota que o velocímetro salta de 110 para 160 quilômetros por hora. Você se assusta e pergunta:

– O que aconteceu?

O motorista responde:

– Percebi que estou no caminho errado. Aumentando a velocidade, vou entrar no caminho certo...

BELEZA E FANATISMO

NIKOLAI BERDYAEV, FILÓSOFO RUSSO, DISSE QUE A BELEZA É A ARENA ONDE Deus e o Diabo travam suas batalhas. Estranho, porque aprendemos que o Diabo é o mestre da feiura. Engano. Se ele fosse feio, ninguém seria tentado. O que seduz é a beleza. Mas a beleza pode ser a capa do horror.

As catedrais góticas, a mais bela expressão do mundo construída pela espiritualidade católica... No entanto, enquanto o canto gregoriano, os vitrais coloridos e os incensos aconteciam do lado de dentro, os hereges eram queimados do lado de fora. Para isso, havia uma justificação estética: os hereges, se deixados vivos, haveriam de destruir a divina catedral. Era preciso que os hereges fossem exterminados com a mesma lógica com que se exterminam os cupins, para que a beleza não se perdesse. A morte dos hereges era um holocausto que se oferecia à beleza de Deus.

O nazismo... Seus três pilares mestres eram lindos. Eu apoiaria um partido que os tomasse como programa: saúde, limpeza e beleza. Belos, tão belos que os alemães se tornaram cegos para o horror dos campos de concentração. Não era possível que algo tão belo quanto o nazismo estivesse gerando coisa tão monstruosa. Os judeus eram mortos nas câmaras de gás em nome dos belos ideais: tratava-se apenas de "despiolhizar" a Alemanha. A mente humana, me parece, tem a tendência de equacionar beleza e bondade. Aqueles que percebiam não tinham coragem de admiti-lo, por saber que já era tarde demais e por temer os fanáticos. Em qualquer partido, os membros mais terríveis não são nem os cínicos nem os corruptos. São os fanáticos, os honestos que acreditam. Por acreditar, eles são capazes das maiores crueldades.

O mesmo se pode dizer do ideal comunista: uma sociedade em que os meios de produção não são de ninguém porque são de todos. Uma sociedade em que ninguém estaria desamparado, porque o Estado, grande mãe (como a Igreja, *mater et magistra*), cuidaria de todos.

A esse respeito, vale recordar uma ideia de Milan Kundera em *A insustentável leveza do ser*: os regimes comunistas da Europa Central não foram criados exclusivamente por criminosos, mas por pessoas convencidas de ter descoberto o caminho para o paraíso. Defendiam esse caminho com unhas e dentes. Depois, percebeu-se que o paraíso era, na verdade, o inferno; e que os entusiastas eram assassinos.

118 | CONVERSAS SOBRE POLÍTICA

A beleza produz sentimentos totalitários. Lênin, numa carta a Gorki, disse que seria capaz de ouvir a sonata *Appassionata* o dia inteiro. A beleza dessa sonata exige que se silenciem todos os ruídos divergentes. E eu acrescentaria a *Chaconne*, de Bach, o *Concerto nº 2*, para piano e orquestra, de Rachmaninoff, o *Requiem*, de Fauré, a *Sonata nº 3*, de Chopin. Ao ouvir essas obras, meus ruídos cessam, meus pensamentos silenciam.

Está certo que assim seja quando o que está em jogo é a beleza da arte. Mas, quando o que está em jogo é a política, a beleza do ideal pode ser a casa onde o Demônio se esconde...

OS "RATOS" E OS "QUEIJOS"

Antigamente, lá em Minas, política era coisa séria. Havia dois partidos com nome registrado, programa de governo e tudo o mais. Mas não era isso que entusiasmava os eleitores. Eles não sabiam direito o nome do seu partido nem se interessavam pelo programa de governo. O que fazia o sangue ferver era o nome do bicho e correlatos pelo qual seu partido era conhecido. Em Lavras, os partidos eram "Gaviões" e "Rolinhas". Em Dores da Boa Esperança, onde nasci, eram os "Ratos" e os "Queijos". Os nomes diziam tudo. Ratos querem mesmo é comer o queijo. E o queijo quer mesmo é se colocar de isca na ratoeira para pegar o rato.

Os paulistanos vão se rir e dizer que isso é coisa de mineiro caipira. Que nada! Suspeito que os mineiros apren-

120 | CONVERSAS SOBRE POLÍTICA

deram lendo jornais dos Estados Unidos. Lá, os partidos são bichos. O Partido Republicano é o partido do elefante. E o Partido Democrata é o do jumento. Pena que esse costume tenha caído em desuso, porque ele revela a natureza animal das disputas políticas. Digo "animal" no sentido humano, porque animal mesmo não faz política.

Como já disse, os eleitores nada sabiam dos programas de governo nem prestavam atenção nas promessas feitas pelos chefões. Sua relação com o partido não era ideológica. Nada tinha a ver com a inteligência. Eles já sabiam que política não se faz com razão. Ganha não quem tem razão. Ganha quem provoca mais paixão. O entusiasmo que tomava conta deles era igualzinho ao entusiasmo que toma conta do torcedor no campo. Aos torcedores pouco importa se os jogadores batem ou não na mulher, se têm ou não religião, se têm ou não diploma, se roubam ou não sabonetes nas Lojas Americanas, se cheiram ou não cocaína, se promovem ou não bacanais. O que provoca o entusiasmo não é o jogador. Jogadores são mercenários. Se o Real Madrid oferecer um contrato vantajoso, eles dizem adeus ao Brasil e se mandam para a Espanha. Tudo isso é esquecido quando o jogador entra em campo vestindo a camisa de seu time.

De onde vem o entusiasmo? O entusiasmo vem do nome do time, da bandeira do time, da camisa do time, do barulhão da torcida. E quando o time ganha o campeonato é aquela euforia, buzinação, foguetório, provocações.

Naqueles tempos, o entusiasmo não vinha nem da ideologia nem do caráter dos coronéis. O que fazia o sangue ferver era o símbolo: "Eu sou Rato", "Eu sou Queijo".

Corria o boato de que o coronel Sigismundo, fazendeiro, chefe dos Ratos, usava jagunços para matar seus desafetos.

Não surtia efeito. Era mentira deslavada dos Queijos. Corria o boato de que o doutor Alberto, médico rico, chefe dos Queijos, praticava agiotagem. Mentira deslavada dos Ratos. Os chefões, na cabeça dos eleitores, eram semideuses, padrinhos, sempre inocentes. O que dava o entusiasmo era o campeonato. Quem ganharia? Os Ratos ou os Queijos? Quem ganhasse a eleição seria o campeão, dono do poder, nomeações de afilhados, até a próxima...

Mais de oitenta anos se passaram. Os nomes são outros. Mas nada mudou. Política é a mesma paixão pelo futebol decidindo o destino do país. Os torcedores se preparam para a finalíssima entre Ratos e Queijos. É como era na cidadezinha de Dores da Boa Esperança, onde nasci 73 anos atrás...

O BOM DE SER RELIGIOSO

O BRASIL É BOM PORQUE AQUI TODO MUNDO É RELIGIOSO. UMA PESQUISA REVELOU que 99% dos brasileiros acreditam em Deus. Isso é garantia da integridade ética de nosso povo. Quem acredita em Deus é mais confiável do que quem não acredita. Quem acredita em Deus anda na linha por medo de ir para o inferno.

Dando-se crédito às Sagradas Escrituras, nossos 99% só são batidos pela população do inferno, pois, segundo o apóstolo Tiago, 100% dos demônios não só acreditam em Deus como estremecem ao ouvir seu nome. Ah! Como minha alma fica tranquila ao ver crucifixos nas paredes dos gabinetes dos deputados e senadores e Bíblias nas mãos dos pastores evangélicos...

Movido pelo mais sincero sentimento religioso e certo de que 99% dos congressistas não só acreditam em Deus como também estremecem ao ouvir seu nome, achei adequado fazer algumas considerações teológicas apropriadas ao momento que estamos vivendo, qual seja, o de escolher os nossos representantes. Vereadores, deputados, senadores e o presidente são nossos representantes. Um representante é uma pessoa que toma o lugar de outra. Ela age como se fosse a outra. Pois todo o drama da salvação que nos livra do fogo do inferno gira em torno dessa palavra. Para que nossas dívidas pecaminosas fossem pagas, a Segunda Pessoa da Santíssima Trindade teve de se "esvaziar" de todas as suas prerrogativas divinas a fim de tomar o nosso lugar e nos representar perante Deus Pai. Se isso não tivesse acontecido, todos estaríamos condenados ao sofrimento eterno.

A essência da representatividade é a igualdade entre o representado e seu representante. Uma raposa não pode representar as galinhas. Um heterossexual não pode representar os *gays*. O dono da fábrica não pode representar os operários. O representante, assim, não pode ser "mais" que o representado. Esse "mais" é um privilégio, "lei privada" que vale apenas para um grupinho.

Na democracia não há privilégios. Todos são iguais perante a lei. Quando um Brasilino qualquer rouba um pote de manteiga ou um boné, vai para a cadeia. Vai para a cadeia porque a lei não sabe que ele é um Brasilino qualquer. E não sabe por ser cega. Se é cega para o Brasilino, é cega também para vereadores, deputados e senadores. Essa é a razão por que esses senhores, como é bem sabido, quando pegos com as mãos cheias de dinheiro público, vão também para a cadeia. As cadeias estão cheias deles...

O BOM DE SER RELIGIOSO | 123

Representantes são iguais ao povo. Não têm privilégios. Não têm aposentadoria em condições especiais, não se valem de foros especiais para se safar. Nem votam o próprio salário, porque os Brasilinos não votam seu salário.

Estou certo de que, a fim de derrotar o 1% que não acredita em Deus e que, por isso mesmo, se candidata para ter privilégios, os restantes 99% de legítimos representantes do povo, no início de seu mandato, haverão de votar uma lei que declare extintos todos e quaisquer privilégios que os separam dos Brasilinos.

Por isso, o momento de eleição é um momento de alegria teológica e democrática. Nossos candidatos não só acreditam em Deus como estremecem ao ouvir seu nome...

O ESPECTADOR

A CENA DOEU-ME MAIS QUE A DOR NA COLUNA. O QUE FOI UM BENEFÍCIO. Esqueci-me da dor na coluna e concentrei-me na dor da cena. Até o tenente Lino se esqueceria de sua dor de dente. A cena: uma deputada, representante do povo, se sacudindo, se oferecendo como espetáculo para que o Brasil todo visse sua improvisada "dança do deboche", indiferente à humilhação que o povo sente diante da impunidade.

Para mim, aquela dança se configurou como uma quebra do decoro parlamentar por seu grotesco estético. Barreto Pinto, por muito menos, foi cassado. Seu crime: deixou-se fotografar de cueca e sobrecasaca. Os deputados e senadores de então não suportaram a vergonha, e ele perdeu o mandato.

Alguns se horrorizaram com a cena. Eu me horrorizei por outra coisa: ao contemplá-la, dou-me conta de que sou um cidadão impotente. Nada posso fazer. Estou condenado a ser um mero espectador. A dançarina e seu corpo de balé estão protegidos pela impunidade.

As revelações sem fim já não surpreendem. São variações sobre um tema antigo. Por isso meu pensamento não se ocupa delas. Sinto apenas um espanto passageiro. Alguns têm a esperança de que, ao final de um longo processo de purificação, a democracia seja finalmente lavada dos excrementos que a cobrem. Descreio. Concordo mesmo é com a sabedoria de Jesus: "Não se costura remendo de tecido novo em roupa podre. Porque o remendo de tecido novo rasga o tecido podre e o buraco fica maior do que antes" (Mateus 9:16). As revelações nos mostram os buracos. Acontece que os buracos não são o problema. O problema está no tecido podre.

Nossa democracia é tecido podre. Palavra vazia. Coisa morta. Casca de cigarra. Somente os ingênuos acreditam nela.

A ideia da democracia é linda: o poder pertence ao povo. Numa pequena cidade, esse ideal pode ser realizado de forma simples: reúnem-se os cidadãos numa praça e tomam as decisões diretamente. Mas, em se tratando de um país, é impossível reunir seus cidadãos numa grande assembleia. Assim, criou-se um artifício: as decisões são tomadas por pessoas de confiança que o povo elege para representá-lo.

Mas, para que isso aconteça, é preciso que o povo abra mão de seu poder para, a seguir, transferi-lo a seus representantes, que vão então exercê-lo. Assim, ao votar, eu aceito ser castrado, vazio de poder, enquanto o candidato em que votei passa a ser detentor da potência que antes eu tinha. Eu mesmo, que votei, fico agora sem poder. Se tentar exercer meu poder diretamente, serei preso como subversivo. Sem poder, resta-me ser espectador: contemplo a dança. Nada posso fazer, porque ela, a deputada, dança e dançará impunemente, protegida pelo poder que seus eleitores lhe deram.

Trocadas as palavras antigas por palavras modernas, dir-se-ia que Santo Agostinho, há mais de 1.500 anos, era um comentarista da política brasileira.

Que são os bandos de ladrões senão pequenos reinos? Pois o bando é formado por homens; é governado pela autoridade de um príncipe; é mantido coeso por um contrato social; e os produtos dos saques são divididos segundo leis aceitas por todos. Se, pela inércia de homens fracos, esse mal cresce a ponto de se apropriar de lugares, estabelecer moradas, apossar-se de cidades e subjugar povos, ele passa a ter o nome de reino, porque agora ele realmente o é, não por dele ter sido eliminada a corrupção, mas porque a ela foi acrescentada a impunidade.

Não me entusiasmo com o remendo novo que é costurado sobre os buracos. O que me desanima é saber que o tecido podre vai continuar. O que quero é que o poder que me foi roubado me seja devolvido. Quero é ter poder para retirar do palco a bailarina e seu corpo de balé...

BELEZA

Minha primeira reação foi de indignação moral. O fedor da corrupção empesteou o ar. Isso tem sido comum na história da política. Nem mesmo a Dinamarca escapou. "Há algo podre no reino da Dinamarca", Shakespeare escreveu em *Hamlet*.

Aí vieram as explicações. O fedor era uma ilusão. Flatulências da oposição. Mas os instrumentos para detecção de odores mostravam que o fedor existia, sintoma de que havia algo podre também na República do Brasil.

Veio depois o espanto psicótico. Percebeu-se que o mau cheiro era produzido não só por intestinos apodrecidos pela corrupção, mas também por mentes apodrecidas pela loucura.

Mas o que sinto agora é outra coisa: horror estético. Tudo ficou grotesco. Barreto Pinto, somente os velhos se lembram do nome desse deputado. Apareceu na revista *O Cruzeiro* vestido de sobrecasaca e cueca samba-canção. Sobrecasacas são vestimentas de suprema nobreza. Usam-nas os regentes de orquestra, os pianistas, personalidades ilustres em cerimônias de grande pompa. Por outro lado, não havia nada de indecente numa cueca samba-canção. Todos os homens as usavam. E as mulheres gostavam de ver seu homem na intimidade usando as ditas cuecas, as únicas que havia. Imagino até que as cuecas samba-canção as excitassem. Eram símbolos masculinos. Mas juntar sobrecasaca com cueca samba-canção é, definitivamente, grotesco. Não só grotesco como também psicanaliticamente revelador. Em cima, o corpo dignificado pela beleza atemporal da casaca, a máscara. Embaixo, o inconsciente, o corpo revelado e humilhado na verdade que as calças escondem, as pernas finas de velho saindo pela boca larga da cueca branca. Seus colegas parlamentares sentiram vergonha. Não o perdoaram. Foi cassado por quebra do decoro parlamentar.

Fiquei intrigado com o sentido da palavra "decoro". Não posso me valer de um dicionário, porque estou escrevendo de um lugar numa serra de Minas onde não há dicionários. Valer-me-ei de meu dicionário particular, que mora em minha memória: "decoro parlamentar", s.m., refere-se ao estilo de comportamento verbal e corporal que um parlamentar deve ter para que as normas estéticas não sejam quebradas. Se não é isso, fica sendo...

Corrupção se castiga. Loucura se trata. Mas o grotesco é inesquecível. Quem viu não esquece mais. E, embora poucos saibam disso, um povo precisa de beleza. É da beleza que nasce a esperança. O hino nacional é belo. Lembram-se da Fafá de Belém cantando nos comícios pelas Diretas Já? Todo mundo tremia e chorava por causa da beleza. A bandeira é bela, ondulada pelo vento. Quantas coisas bonitas a bandeira evoca em seu silêncio! Meu filho chorou ao vê-la pendida, triste, enrolada no mastro, humilhada, escondendo-se de vergonha... E o Congresso, como um dos símbolos da nação, tem também de ser belo!

Lembro-me da sessão em que o Collor foi cassado. Todos os deputados se sabiam vistos pelo povo. Queriam posar de heróis. Vestiram suas palavras com casacas. E a cada nome que se chamava, ouvia-se o ridículo: "Por Deus, pela pátria, pela família, sim, senhor presidente!", "Pela honestidade, pela justiça, pelo Brasil, sim, senhor presidente!" E assim, sem fim... Eu fiquei com vergonha. As sobrecasacas verbais não escondiam as pernas finas que saíam das cuecas samba-canção.

Estou cansado do grotesco. Quem nos devolverá a alegria da beleza?

MODESTA PROPOSTA PARA A REFORMA POLÍTICA DO BRASIL

APRENDO MUITO LENDO AUTORES ANTIGOS. É O CASO DE JONATHAN SWIFT, QUE escreveu as *As viagens de Gulliver*, que todo mundo conhece. Ele era dotado de uma imaginação assombrosa, que vinha sempre misturada com humor. Escreveu, por exemplo, um livrinho com o título *Modesta proposta para evitar que as crianças dos pobres da Irlanda se tornem um fardo para seus pais ou para seu país, e para torná-las benéficas ao público*, no qual sugeria que, se os pobres famintos comessem seus filhos, dois problemas estariam resolvidos de um só golpe: o problema da fome e o problema do excesso de população. É claro que essa proposta foi apenas uma gozação e serve para mostrar que há soluções óbvias que são monstruosas. No espírito de Jonathan Swift,

132 | CONVERSAS SOBRE POLÍTICA

atrevo-me a apresentar uma pequena proposta para resolver o problema político do Brasil. O problema que mais ofende é a corrupção. O Congresso se transformou, aparentemente, numa caçada aos corruptos.

Fiquei assombrado (isso aconteceu há muito tempo) quando um deputado mostrou na televisão as pilhas de documentos que deveriam ser analisados pela CPI da qual fazia parte. Uma tonelada... Pensei: *Quanto tempo vai demorar? Ler tudo aquilo para se chegar a uma conclusão?* O Brasil não pode esperar.

Lembrei-me então de *As viagens de Gulliver*. Uma das cidades por ele visitadas era notável por suas universidades e instituições de pesquisa científica. Em outra ocasião escreverei sobre elas, pois as observações de Gulliver poderão ser de grande valia quando surgir a ocasião para uma reforma universitária.

Lagado era o nome dessa cidade erudita. Pois o departamento de política de uma de suas universidades estava trabalhando num projeto revolucionário, a pedido do governo. O governo estava preocupado com a possibilidade de sedição entre os parlamentares, talvez até mesmo um complô para matar o rei. Como descobrir esses inimigos da ordem pública? Responderam os cientistas: "É fácil, Majestade. Basta que se façam, periodicamente, análises das fezes daqueles sobre quem recaem as suspeitas. Porque as intenções da alma se acham reveladas nos excelentíssimos cocôs. É no cocô que se encontra a somatização da sedição".

O rei ficou encantado com tão científica sugestão e à pesquisa foram dados fundos generosos e sem limites, que fizeram a felicidade dos pesquisadores.

Acontece, entretanto, que os resultados da pesquisa foram negativos. Não porque a teoria estivesse errada, mas porque os cientistas se enganaram num ponto: a sedição não é somatizada no cocô; ela é somatizada na bílis verde. O que é somatizado no cocô é a corrupção. Isso só ficou demonstrado por meio da sagacidade analítica de Freud, que demonstrou que, simbolicamente, cocô = dinheiro. Assim, chega-se ao caráter de uma pessoa por meio da análise do cocô e de seus hábitos escatológicos. Em primeiro lugar, analisa-se o cocô em si mesmo: consistência, cor, cheiro, volume. A seguir, analisam-se os hábitos da pessoa em aspectos como posição, expressões fisionômicas, frequência, se lê ou não jornais enquanto obra. Essa análise permite ao médico concluir se o cocô em questão é de um corrupto ou não.

Um procedimento semelhante a esse, aplicado aos nossos congressistas, evitaria a chateação e a demora das intermináveis sessões de interrogatório e de pilhas de documentos a ser lidos. As televisões anunciariam simplesmente: "O departamento de escatologia política, havendo analisado as fezes excelentíssimas do excelentíssimo (nome da pessoa), chegou à seguinte conclusão (segue-se a conclusão)". Tomar-se-iam então as providências legais cabíveis, cientificamente justificadas.

POLÍTICA É A ARTE DE ENGOLIR SAPOS POR AMOR AO PODER

"A luxúria única de não ter já esperanças?" Eu era jovem quando li esse verso de Álvaro de Campos pela primeira vez. Não entendi e me espantei. Passados muitos anos, eu o leio de novo e entendo. Jovem, eu pensava que a morte das esperanças era coisa má. Agora, velho, eu a sinto como coisa boa.

Gozo a luxúria única de já não ter esperanças políticas.

Ontem um amigo me deu uma surpreendente informação etimológica: que a palavra "candidato" vem de "cândido", que quer dizer puro, de mãos limpas (o que explica o nome de "cândida" para certo produto de limpeza). Mas não percebo candura nos candidatos. O que sinto é uma náusea imensa. As notícias sobre o que falam e fazem políticos e partidos só me provocam uma náusea imensa. A visibilidade que os meios de comunicação lhes concedem me é incompreensível. Não entendo as razões por que banalidades, ditas por políticos, se transformam em manchetes. Preferiria que os meios de comunicação os condenassem ao silêncio.

Dirão que estou padecendo do pessimismo dos velhos. Mas Albert Camus era muito jovem, tinha apenas 33 anos, quando escreveu o seguinte:

"Cada vez que ouço um discurso político ou que leio os que nos dirigem, há anos que me sinto apavorado por não ouvir nada que emita um som humano. São sempre as mesmas palavras que dizem as mesmas mentiras. E, visto que os homens se conformam, que a cólera do povo ainda não destruiu os fantoches, vejo nisso a prova de que os homens não dão a menor importância ao próprio governo e que jogam, essa é que é a verdade, que jogam com toda uma parte de sua vida e de seus interesses chamados vitais."

Discordo de Camus num ponto apenas. Não acredito que o conformismo dos homens se deva ao fato de que eles não dão importância ao próprio governo. Deve-se, ao contrário, ao fato de haverem perdido as esperanças. Sabem que seus esforços são inúteis.

Há quem compare a política ao jogo de xadrez. No xadrez, pouco importa o estilo do jogador. Qualquer que seja o estilo, a lógica do jogo é sempre a mesma. Quem se dispõe a jogar o jogo tem de se submeter à sua lógica. O Lula estava certo – se Jesus estivesse na política, teria de fazer pacto com Judas. A lógica do jogo da política é a lógica do jogo do poder. Enganam-se aqueles que pensam que o fim da política é a produção do bem comum. O objetivo da política é o poder – e os atos políticos dirigidos à produção do bem comum são meios para atingir esse fim, a manutenção dos poderosos no poder.

Um ato que levasse ao bem comum, mas que, ao mesmo tempo, diminuísse o poder dos que lá estão ou aumentasse o poder dos adversários políticos, seria, do ponto de vista político, um ato suicida; não deveria jamais ser executado. Na hierarquia dos valores políticos, o bem do povo é inferior ao exercício do poder. Essa é a razão por que, com frequência, políticos tratam de eliminar as coisas boas que seus antecessores, adversários, realizaram.

O ideal de ética na política é um lindo ideal. Mas é impossível de ser realizado na prática. Somente aqueles que estão fora do poder invocam os argumentos éticos. Os que estão no gozo do poder fazem uso dos argumentos da força.

Já se disse que a guerra é a continuação da política por meios militares. Isso é verdade. Política e guerra são o mesmo jogo de xadrez. A diferença está em que, enquanto na política o poder aparece acobertado pela farsa da paz e da normalidade, na guerra o poder perde seus pudores e se apresenta em sua verdade: a força. Será possível uma ética de guerra? É claro que não. O poder não aceita ser derrotado por razões éticas. Quando, há muitos anos, Rubens Ricupero foi demitido ou se demitiu, não me lembro bem, por haver declarado que o governo mostrava as coisas boas e escondia as ruins, ele estava simplesmente repetindo o que foi dito por Maquiavel – que, para o governante, o importante não é ser justo, mas parecer justo. O erro de Ricupero não foi participar do jogo político de dissimulação e engano. Foi tornar pública a regra fundamental sobre a qual se assenta a política. Da mesma forma como é inútil trocar os jogadores, porque o xadrez continuará a ser jogado com as mesmas regras, a troca de políticos e de partidos tem apenas o efeito de mudar o estilo do jogo, sem alterar sua essência. Se eu estivesse no lugar do presidente, as regras do jogo do poder me obrigariam a abraçar os mesmos políticos que ele agora abraça e que, em tempos passados, execrou. Política é a arte de engolir sapos por amor ao poder. A razão para a existência de três poderes independentes na democracia não deriva de necessidades funcionais. Deriva da necessidade de espionagem constante: é preciso que os que estão no poder vigiem uns aos outros. Na política, o comportamento ético é resultado do medo de ser apanhado com a boca na botija. Mas, eu me pergunto, e se os três poderes forem, todos eles, compostos por raposas? Raposa não vigia raposa. Raposa se alia a raposa...

CHAPEUZINHO VERMELHO

A história da Chapeuzinho Vermelho nos ensina preciosas lições políticas. Caminhando pela floresta, Chapeuzinho, tão bobinha, acredita na fala do Lobo, escondido em meio às árvores. Assim é o povão: acredita em qualquer coisa. Se vocês duvidam, sugiro que gastem um pouco de tempo olhando os programas religiosos na TV. Esses programas poderiam ser usados para avaliar o grau de inteligência e educação da população. É assombroso aquilo em que se pode acreditar! Acredita-se em tudo, desde que um milagre seja prometido. Muito mais espertos que o lobo de antigamente, os de agora se valem da mais moderna tecnologia. Contratam "produtores de imagens". O que é um "produtor de imagens"? É um profissional de estética que faz operações plásticas na imagem do candidato, de forma que ele deixa de ser o que era, naturalmente, e fica parecido com a imagem que o povo deseja. Pois o Lobo, já com a Vovozinha dentro da barriga (voz gutural: "Que grande goela a minha! Engoli a velha inteirinha!"), "fantasiou-se" de Vovozinha.

Toc, toc, toc, Chapeuzinho bate à porta.

– Quem bate sem ordem minha? – pergunta o Lobo com voz grossa.

– Sou eu, Chapeuzinho...

O produtor de imagens que se esconde atrás da cabeceira da cama lhe diz logo: "Mude a voz, mude a voz..." E sua voz gutural se transforma na trêmula voz de uma velhinha indefesa:

– Pode entrar, minha netinha.

Chapeuzinho conhecia a Vovó muito bem. Aproxima-se da cama e – pasmem! – não percebe a diferença. As orelhas, os olhos, o focinho, os dentes, os pelos na pata, os extratos bancários na Suíça, os antecedentes de corrupção, tudo dizia: "Fuja! Não é a Vovozinha! É o Lobo!" Mas Chapeuzinho era muito burra, muito burrinha mesmo. Como o povão que vê televisão, ela acreditava na "imagem". Na história, os caçadores salvam a tonta. Mas acho que ela não merecia ser salva. O Lobo era mais inteligente do que ela. A burrice não merece ser salva. Essa história dá duas lições negativas às crianças. A primeira é que nem sempre é sábio fazer o que a mãe manda. Uma mãe que manda a filha por uma floresta onde há um lobo só pode ser louca. Maternidade não é garantia de sanidade. A segunda é uma lição mentirosa: não tem problema ser burro, porque os caçadores aparecem no fim para consertar o estrago. Na vida real o fim é outro. O Lobo, juntamente com os caçadores e os produtores de imagens, comem a Chapeuzinho Vermelho, isto é, o povo...

UTOPIAS

KARL MANNHEIM É UM DOS MEUS SOCIÓLOGOS FAVORITOS. TINHA IMAGINA-ção. Era inteligente. Não precisava se valer de estatísticas para pensar. Hoje, nas universidades, a inteligência foi substituída pelas estatísticas. Parece que no mundo da ciência só são aceitas as afirmações derivadas de tabelas estatísticas. Já ouvi uma discussão sobre quantas delas uma tese de mestrado deve ter para ser aceita. Pois, há mais de cinquenta anos, Mannheim predisse o desaparecimento das utopias na política. O que são utopias? Utopias são fantasias sobre uma sociedade melhor que servem para guiar a ação. Minha utopia, por exemplo, tem a forma de um jardim. Contra as utopias há a sentença dos realistas, que as recusam sob a alegação de ser irrealizáveis. Mário Quintana dá-lhes uma resposta definitiva:

Se as coisas são inatingíveis... ora!
Não é motivo para não querê-las...
Que tristes os caminhos se não fora
A mágica presença das estrelas!

Mannheim vislumbrou um momento em que, com o abandono das utopias, os políticos passariam a se guiar por interesses pragmáticos de poder, que podem ser quinhentos mil dólares ou quinhentos mil votos... Quando a gente vê São Jorge e o dragão estabelecendo alianças, é porque abandonaram seus sonhos. O que se tem é um produto híbrido, um São Jorge com rabo de dragão, ou um dragão com cara de São Jorge.

LIÇÕES DO MIKE TYSON

AH, O MIKE TYSON... MÚSCULOS E OSSOS DE AÇO! TUDO NELE SE PODIA DIZER COM números: altura, peso, colesterol, pressão sanguínea, batimentos cardíacos, força dos murros... Seu *hardware* era imbatível.

Mas se há *hard* é porque há *soft. Software*, as coisas macias. O *hard* existe por causa do *soft*. O tocador de CDs, duro, existe para tocar a música, mole.

O *software* não é uma coisa material. Ele é feito de símbolos que são guardados na alma, lugar onde mora a beleza. Tanta beleza lá nos Estados Unidos, país do Mike Tyson... Walt Whitman, Robert Frost, Emily Dickinson, Gershwin, Copland, Dionne Warwick, Nat King Cole...

Mas nunca ouvi falar nada sobre o *software* do Tyson. O treinador dele punha música ou lia poesia para ele ouvir enquanto treinava?

Faz tempo que perdi o interesse pela política. Parei de escrever sobre o assunto. Sei que é inútil. Mas acontece que tem uma coisa indecifrável dentro de mim chamada esperança. Ela teima em me levar de volta ao tema maldito por meio de associações na minha cabeça. Pois a minha esperança me fez pular do Mike Tyson para a política.

Como o Mike Tyson, um país tem *hardware*. O *hardware* de um país é feito com coisas que podem ser medidas em números, como finanças, exportação, importação, câmbio, produto interno bruto.

E há também o *software*, que não mora bem no país. Mora é na alma do povo: seus sonhos, suas alegrias, as revistas que leem, as novelas que veem, as músicas que cantam, o que conversam no cotidiano.

Aí a minha esperança me falou baixinho: "Você percebe as implicações políticas dessa coisa do Mike Tyson? Se o presidente é o treinador, quando estiver na televisão ele só vai falar do desempenho magnífico dos números, da inflação, da exportação, do PIB... Mas e a alma do povo? Quem é que a alimenta? Não tem ninguém. E sem beleza o povo fica bruto, como o Mike Tyson. Bom mesmo seria que houvesse duas pessoas, uma encarregada do *hardware* e outra encarregada do *software*".

É assim que vejo um regime parlamentarista. Se o governo fosse parlamentarista, o primeiro-ministro seria o treinador, o encarregado do *hardware*, das finanças e outras coisas que se medem com números. E o presidente, livre dessas obrigações de treinador, poderia se dedicar a cuidar da alma do povo, de seu *software*.

Todo mundo concorda que a solução está na educação. Mas será que alguém já pensou que o presidente deveria ser o educador-mor?

Com *hardware* se faz "massa", não se faz povo. "Nenhum povo vive fora da beleza", disse Camus. Os grandes líderes da humanidade, aqueles que criaram povos, não deram nada de *hardware* àqueles que os seguiam. Deram beleza... Lembro--me das palavras de Martin Luther King Jr. à multidão que o ouvia: "I have a dream" – eu tenho um sonho.

Mas alguns pensam que os pobres sonham com cesta básica e coisas parecidas. Ignoram que os pobres têm alma. Eles têm fome de beleza.

Fico a imaginar um presidente cujo rosto faria o povo sonhar coisas bonitas, um destino para todos, destino maior que crescimento econômico, essa coisa charmosa que traz consigo a degradação ambiental. Mas não vejo esse rosto em lugar algum. Para isso ele teria de ser poeta...

BENFEITORES DO PICO DA PEDRA BRANCA

E DEUS PLANTOU UMA FLORESTA. LEVOU MUITO TEMPO PARA QUE ELA CRES-cesse. A vida cresce devagar. Era tão bonita! Árvores de todos os tipos, grandes e pequenas, com flores, frutos, perfumes. Ela era um mundo maravilhoso onde viviam pássaros coloridos, bichos de todos os tipos, insetos... Fazia milhares de anos que estava lá, enchendo a natureza de espantos.

Aí uns homens que não amavam a floresta e sua beleza, que só amavam o dinheiro, olharam para as árvores e pensaram: *Quanto dinheiro parado!*

Aí, pegaram seus machados e serras e começaram a cortar as árvores. Plantas e bichos se assustaram. Ficaram bravos. Os homens dos machados e serras, que eram muito bons de bico, falaram:

146 | CONVERSAS SOBRE POLÍTICA

– Os homens gostam de vocês? Os homens cuidam de vocês? Os homens visitam vocês? Para que servem vocês, aí na floresta? Para nada. Nós queremos que vocês sejam importantes. Nós cortamos as árvores e elas vão para dentro das casas dos homens! Vocês ganharão nomes, e os homens as procurarão pagando muito dinheiro! Eles amarão vocês. Nós as cortamos porque as amamos, para que os homens saibam que vocês existem...

As árvores, que não sabiam o que era mentira, acreditaram e ficaram felizes. E amaram os homens com machados e serras. Amaram tanto que resolveram dar-lhes o título de "benfeitores da floresta". Armados desse título, eles trouxeram mais machados e mais serras. A vida cresce devagar. A morte anda depressa. Quanto mais árvores cortavam, mais ricos ficavam!

Mas as florestas acabam. E assim foram cortando as árvores e enriquecendo. Até que a última árvore foi cortada. E no lugar da floresta ficou o deserto...

Com a primeira árvore cortada, começou a civilização. Com a última árvore cortada, a civilização acabará.

* * *

Isso acontece com as árvores que crescem sobre a terra. Acontece também com os minerais que dormem dentro da terra. Os minerais são riquezas: diamante, ouro, metais, mármore, granito.

Aí os homens que amam o dinheiro vieram não com machados e serras, mas com escavadeiras, tratores e explosivos e se puseram a fazer buracos na terra, buracos enormes, feridas abertas que nunca seriam curadas.

Carlos Drummond de Andrade sofria ao ver escavadeiras e explosivos destruindo as montanhas de sua terra, Itabira, que ele tanto amava. Hoje, o pico que ele via não existe mais. É possível que coisa parecida esteja acontecendo também em Poços de Caldas. Lá no horizonte está o pico da Pedra Branca, um monumento de milhões de anos, cheio de pedras que valem muito.

Os homens do dinheiro dizem a mesma coisa que disseram às árvores:

– O pico da Pedra Branca? Para que serve? Inútil, paradão no horizonte. Mas, se tirarmos seu granito, ele se transformará em dinheiro, as pessoas ficarão ricas e poderão comprar carros, geladeiras e televisões.

E poderá acontecer que os guardas do local, seduzidos pelo brilho do dinheiro e suas vantagens, venham mesmo a dar aos homens do dinheiro, das escavadeiras e dos explosivos o título de "benfeitores do pico da Pedra Branca".

AS DUAS FRIGIDEIRAS

ANTES DA CRIAÇÃO, OS ARQUITETOS FORMAVAM UMA ORDEM DE ANJOS NOS céus, juntamente com os jardineiros. Ficaram excitadíssimos quando Deus os informou de seu projeto de criar o universo. Pensaram logo: *Que grande oportunidade!* Reuniram-se, trabalharam e prepararam um projeto arquitetônico fantástico: era uma torre tão alta que seu topo tocaria os céus. "Que fantástico monumento à sua divindade!", disseram eles ao Criador.

Mas o Criador não gostou. Ele sabia que as construções têm o estranho poder de moldar seus moradores de forma que eles ficam iguais às casas onde moram.

Eu não acredito que o Criador seja o Grande Arquiteto. Prefiro vê-lo como o Grande Jardineiro. O que explica o fato de ele não haver colocado no paraíso nenhuma construção de pedra e cimento, casa, templo ou torre. A Torre de Babel, o mais ambicioso projeto arquitetônico jamais imaginado, não foi ideia de Deus, foi ideia dos homens, e deu no que deu. O paraíso, morada dos homens, não é prédio, é jardim, sem muros e paredes, aberto, cheio de flores, para que os homens ficassem semelhantes às flores, aos regatos e às nuvens...

Os arquitetos, então, inconformados com o projeto divino, que dava mais honra aos jardineiros que a eles, resolveram se vingar. Construíram casas com paredes e muros. E os homens, que eram sem-teto, deixaram de ser semelhantes às flores, aos regatos e às nuvens. Ficaram iguais às pedras e ao cimento.

Entreguei-me a essa meditação poético-filosófica por ser ela necessária à tese política que passo a enunciar: o culpado da Babel política em que vivemos foi um arquiteto. Mais precisamente, Oscar Niemeyer.

Meus leitores haverão de pensar que enlouqueci. Mas a verdade de minha tese se revelará à medida que eu desenvolver meu raciocínio.

Brasília, sonho de uma cidade fantástica! O presidente da República convida Oscar Niemeyer para projetar as formas daquela cidade. Mas acontece que ele era comunista. Como poderia um comunista criar formas que seriam monumentos em louvor à burguesia e ao capitalismo que ele detestava?

Aí ele se deu conta do que afirmei antes. Pensou: *Os homens são moldados pelos espaços arquitetônicos em que habitam. Criarei, então, espaços nos quais os políticos burgueses capitalistas enlouquecerão...*

Essa é a origem daquelas duas estruturas, as duas frigideiras, uma de boca para cima, outra de boca para baixo, a Câmara dos Deputados e o Senado.

Na verdade, a primeira ideia não contemplava frigideiras; eram pirâmides. Mas Niemeyer pensou que suas intenções ficariam óbvias demais. Pirâmides são moradias dos mortos.

Foi então que, numa noite em que se entregava às delícias da cozinha japonesa, viu a forma geometricamente perfeita das frigideiras em que os japoneses fritavam suas *tempuras*. Nesse momento, ele exclamou em alta voz: "Eureca!" Havia encontrado a forma que se prestava à realização de seu projeto.

O que há de extraordinário nas duas frigideiras de *tempura* do nosso Congresso é que elas não têm janelas. Formam um universo à parte, fechado sobre si mesmo. Disse o Mia Couto: "O importante não é a casa onde moramos. Mas onde, em nós, a casa mora". O Niemeyer fez duas frigideiras de *tempura* que passaram a morar dentro dos políticos. A casa substitui o corpo. Vivendo fechados dentro das duas frigideiras, os políticos acabam por enlouquecer, perdendo o senso da realidade e ficando totalmente alienados do mundo. Sem janelas, não veem o que acontece do lado de fora. Isolados acusticamente, não ouvem os gritos do povo do lado de fora...

Espero que, ao final dessa concisa e precisa argumentação, meus leitores tenham se convencido da justeza de minha tese:

O culpado é o Oscar Niemeyer.

RUBEM AZEVEDO ALVES, EDUCADOR, filósofo, teólogo e psicanalista, nasceu em Dores da Boa Esperança, Minas Gerais, em 15 de setembro de 1933. Aos doze anos mudou-se para o Rio de Janeiro e, mais tarde, aos vinte anos, foi morar em Campinas para estudar Teologia no Seminário Teológico Presbiteriano, curso que concluiu em 1957.

Entre 1963 e 1964 fez seu mestrado, também em Teologia, na Universidade de Columbia, em Nova York. Ainda durante 1964, retornou ao Brasil e foi perseguido pela ditadura militar. Assim, mudou-se para Nova Jérsei, também nos Estados Unidos, onde concluiu seu doutorado em Filosofia na Universidade de Princeton, em 1968. Como professor universitário, lecionou na Faculdade de Filosofia de Rio Claro, no Instituto de Filosofia da Universidade Estadual de Campinas (Unicamp), dentre outras instituições de ensino superior.

Já aposentado, em 1990, formou-se em Psicanálise pela Associação Brasileira de Psicanálise de São Paulo e passou a atuar na área. No mesmo ano, intensificou sua produção literária escrevendo histórias direcionadas ao público infantil bem como crônicas e contos, pelos quais recebeu o prêmio PNBE "O educador que queremos", em 2003, do governo do Estado de São Paulo e ficou em segundo lugar no Prêmio Jabuti na categoria "Contos e Crônicas" por seu livro *Ostra feliz não produz pérola*, em 2009. Recebeu, ainda, o prêmio *Eric Hoffer Awards* por seu livro *Transparências da eternidade* em 2012. Morreu em Campinas, São Paulo, em 19 de julho de 2014, aos 80 anos.

Este livro foi publicado pela Companhia Editora Nacional em setembro de 2020. CTP, impressão e acabamento por Gráfica Impress.